大峠と大洗濯　ときあかし②

# ⦿日月神示

【基本十二巻】第三巻・第四巻

内記正時［解説］
岡本天明［原著］
中矢伸一［校訂・推薦］

ヒカルランド

# 第三巻 富士の巻（全二十七帖）

# 第四巻　天《あま》つ巻（全三十帖）

装丁　櫻井浩（⑥Design）
校正　麦秋アートセンター
本文仮名書体　文麗仮名（キャップス）

# 第三巻　富士の巻

（全二十七帖）

自　昭和十九年八月十日
至　昭和十九年八月三十日

**【概説】**

第三巻「富士の巻」の最大の特徴は、「立替えの大峠」の仕組、様相などが詳述されている点にあり、しかもその内容は圧巻・圧倒的である。

人間の「学」や「智」では想像もつかないような大災難が起こり、最後には全ての人類が一旦死に絶えるという。

その後身魂《みたま》が磨《みが》けた臣民を神が拾い上げて復活させ、「ミロクの世」の臣民にするというのだが、これはまさに神話と言うか、或いはとてつもないSF小説の世界に入り込んだような錯覚《さっかく》さえ覚えるのに十分すぎるほどの内容である。

だが日月神示は文字どおり「正神」直流の啓示であるから、必ずそうなる仕組だと神は断言している。何故《なぜ》ならば最後の最後に「最後の一厘」という神力が発動するからである。

その中で日本の果たすべき役割も明らかにされるが、それは現象的には「自己犠牲」を伴う過酷《かこく》な宿命でもあって、神国だの日本人だのと言って「ミロクの世」に対する甘い期待を持っている人は例外なく打ちのめされるだろう。

我々臣民は、肚決《はらぎ》めと覚悟を求められているのである。

本巻ではまた「てんし様」についても更《さら》に具体的な記述が見られる。

「ミロクの世」に至る仕組については、前巻で「一二三《ひふみ》の仕組」と「三四五《みよいづ》の仕組」が登場しているが、本巻では三つ目（最後）となる「五六七《みろく》の仕組」について明らかにされている。

総じて本巻は壮大な「絵巻物」を見ているような印象を受けるが、これは物語ではなく「立替えの大峠」に向かう神仕組であることを肝《きも》に銘じていただきたい。

御神名について補足すると、本巻の大部分の帖を降ろした神は「⦿のひつくの神」という神（神格）であることに注意していただきたい。

第一巻、第二巻は全て「ひつくの神」という御神名で降ろされていたが、第三巻で「⦿のひつくの神」となっているのは、降ろすべき内容に応じて神々の神格が異なるからだと思われる。神示を降ろす神にもいろいろな神格があることが窺《うかが》える。

ちなみに「⦿のひつくの神」の「⦿」にはルビがないので読み方を推測するしかないが、私は「⦿」＝「火」が最も適していると考えている。「火のひつくの神」である。

その理由は「火」に対する「水」の御神名が第十巻「水の巻」に「三《みづ》のひつくの神」として登場しているからである。

なおこれ以外にも「あめのひつくの神」が登場する巻（第六巻、十一巻、十二巻）があるが、この神格が最上位のようである。

## 第一帖（八一）

道はいくらもあるなれど、どの道通ってもよいと申すのは、悪のやり方ぞ、⦿の道は一つぞ、始めから⦿の世の道、変らぬ道があればよいと申しているが、どんなことしても我《われ》さえ立てばよいように申しているが、それが悪の深き腹の一厘ぞ。⦿の道は始めの道、⦿の成れる道、⦿の中のヽなる初め、ヽは光のヽ、⦿は世の道、このこと気のつく臣民ないなれど、一が二わかる奥の道、身魂掃除すればこのことわかるのざ、身魂磨き第一ぞ。

（昭和十九年八月十日、⦿の一二⦿）

**【解説】**

本帖は「**悪のやり方**」と「**神の道**」について述べているが、内容がやや抽象的であるから、よく吟味・検討しなければならない。

まずは両者をまとめてみよう。

### ◉悪のやり方

**・道はいくらでもあるから、どの道を通ってもよい。**

・どんなことしても我《われ》さえ立てばよい。

◉神の道

・道はいくらでもあるが、⦿の道は一つ、始めから⦿の世の道、変わらぬ道である。

・⦿の成れる道、⦿の中のゝ（キ）なる初め、ゝ（キ）は光のゝ（マナカ）。

右の「**道はいくらでもある**」は共通項だが、これに続く「**やり方、道**」には「悪」と「神」では正反対のことが述べられている。

特に「神の道」では、「道はいくらでもある」が「⦿の道は一つ」とあり、神示特有の逆説的表現になっている。よってここには重要な意味が隠されていると見てよい。

といっても、文章自体が抽象的なので少々わかりにくいが、ヒントは「⦿の道」には「ゝ（キ、真中《まなか》）」があると述べられていることであろう。

「⦿の道」とは真中に必ず「ゝ」があり、このことを「⦿の道は一つ」と表現していると考えればよいのではないか。

つまり「ゝ」という真中、中心に帰一するという意味で「道は一つ」と述べているのだ。

考えてみれば、臣民が実際に歩む「道」がたった一つなどということはあり得ず、それこそ臣民の数だけあって当然だが、「ゝ」に向かうという一点では間違いなく「一つ」なのである。

これに対して「悪の道」とは「ゝ」がないやり方のことである。

そこには「丶」がないから、結局は「**我さえよければよい**」という「我《わ》れ善《よ》し」になって、「やり方」の数も臣民の数だけあるが、それらは全て無節操・無秩序、バラバラでしかない。

一応はこのように説明できるが、つまるところ「悪のやり方」とは「体主霊従」のことであり、「神の道」が「霊主体従」に行き着く。このことはご理解いただけるであろう。


ところで、ここに出てくる「丶」はどのように理解すればよいのだろうか？

私見ではあるが、私はこれを「**世の元の大神様、そこから出る神の光、マコト、歓喜、キ**」のように理解するのが適当であると思う。

というのは、「丶」は「神の道」にはあるが、「悪の道」には絶対にないものだからである。

読者はお気づきだと思うが、「丶」こそが「(最後の）一厘」であり、「悪神（〇）」の中に「丶」が入って「⦿」になることが「一厘の仕組」なのである。


そしてもう一つ、本帖にも早速「**身魂掃除すればこのことわかるのざ、身魂磨き第一ぞ**」とある。

新しい巻に入っても、このように最初から「身魂磨き」だ、「掃除」だと強調されているが、同じことを何度も言われると無感覚になって、何も感じなくなってしまう可能性もある。

私はこれも「神の試し」の一つではないかと思っている。

そこで思考が麻痺《まひ》して「身魂磨き」がストップしてしまうか、それとも「神のしつこさ」に重大な意味を認めて更に精進するかは、何度も述べているように「あなた」次第である。

## 第二帖（八二）

甲斐の山々に立ちて、ヒレ振りて祓いてくれよ、一二《ひつき》⦿に仕えている臣民、代わる代わるこの御役つとめてくれよ。今はわかるまいなれど結構な御役ぞ。

この神示腹の中に入れておいてくれと申すに、言うこと聞く臣民少ないが、今に後悔するのがよくわかりているから、⦿はくどう気つけておくのぞ、読めば読むほど神徳あるぞ、どんなことでもわかるようにしてあるぞ、言うこときかねば一度は種だけにして、根も葉も枯らしてしもうて、次の世の大掃除せねばならんから、種のあるうちに気つけておれど、気つかねば気の毒出来るぞ。

今度の祭典《まつり》御苦労でありたぞ、神界では神々様大変の御喜びぞ、雨の神、風の神殿、ことに御喜びになりたぞ。

この大掃除一応やんだと安堵《あんど》する。この時、富士鳴門がひっくり返るぞ、天の道、地の道ぞ、ひっくり返るぞ、早う改心してくれよ。

（昭和十九年八月の十一日、⦿のひつくの⦿）

【解説】

本帖は四つの段落からなりそれぞれテーマが異なる。

順に説明しよう。

まず最初の段落は、「**甲斐の山々に立ちて、ヒレ振りて祓いてくれよ**」とある。

普通に読めば何のことか全くわからないであろうが、この本の読者なら、「**甲斐の山々に立ちて**」とは「甲斐の仕組（＝御用《ごよう》）」ではないかと思われるのではないだろうか。

全くそのとおりであって、これは、神が岡本天明たちに次の御用（＝甲斐《かい》の仕組）を指示したものである。

「**ヒレ振りて祓いてくれよ**」の「ヒレ」とは布きれのことで、これを振って祓《はら》えとの指示である。

「甲斐の御用」の最初は、昭和十九年八月二十日、山梨県甲府市の「帯那山《おびなやま》」で行われている。

このときの担当役員は岡本天明ではなく、都筑太一《つづきたいち》という天明の同志の一人であった。無論「因《いん》縁《ねん》の身魂《みたま》」の一人である。

「**一二⦿《ひつき》に仕えている臣民、代わる代わるこの御役つとめてくれよ**」とあるとおりで、「江戸の仕組」、「鳴門《なると》の仕組」、「甲斐の仕組」の合計九回に及ぶ神業《しんぎょう》は、様々な役員によって奉仕されている（詳細は、第二巻「下《しも》つ巻」第二十七帖解説を参照）。

第二段落では「**この神示腹の中に入れておいてくれと申すに、言うこと聞く臣民少ない**」と示されているように、当時の臣民（＝天明の下《もと》で神示を学んでいた者の総称であろう）の中には、日月神示に対しそれほど熱心でなかった者がいたことが窺《うかが》われる。

というよりは、「言うこと聞く臣民少ない」とあるから、神の目に適《かな》うのはむしろ少数であったと思われる。

**「読めば読むほど神徳あるぞ」**とは、この世的な「ご利益《りやく》」を授かることではない。何故なら、本当の「神徳」とは神の目に適う者にしか与えられないから、これは間違いなく「身魂磨き」が進むことが前提になっていると理解しなければならないからだ。

神がこれほど言っても「言うこと聞かない臣民」は、最後は**「一度は種だけにして、根も葉も枯らしてしもう」**とあるが、これは脅《おど》しではなく間違いなくそうなると覚悟すべきである。

根も葉も枯れてしまっては、花が咲き実がなるわけがない。

このような臣民は、今回の大仕組において全く神の役に立てない（＝使命を果たせない）極めて残念な結果になる。

「因縁の身魂」である臣民が「スメラの民」として覚醒《かくせい》できず、結局「種」に戻されて一からやり直しとなってしまうのであるから、その者の魂は悔やんでも悔やみ切れないことになるだろう。

第三段落目の「**今度の祭典《まつり》**」とは、神が天明たちに指示した「江戸の仕組（＝奥山、中山、一の宮開き）」のことである。

具体的には「奥山」が八月八日（立秋）、「中山」は翌九日、「一の宮」は十日に開かれている。立秋から三日間で「江戸の仕組」が成就したわけである。

その結果は「**神界では神々様大変の御喜びぞ**」とあるとおりで、神界の神々の目にも大成功と映ったようである。

面白いのは「**雨の神、風の神殿、ことに御喜びになりたぞ**」とある部分だ。

これを普通に考えれば、「神界の神々の中でも、雨の神と風の神が特に喜んでいる」という意味になるが、『岡本天明伝』によれば、「江戸の仕組」に合わせるように、八月八日、関東地方に台風が接近して暴風雨に見舞われたとある。

確かに「台風」なら「雨の神」と「風の神」の活動にピタリと一致するが、著者の黒川《くろかわ》柚月《ゆつき》氏の見解では、これこそ「雨の神」、「風の神」の喜びが地上界に顕現《けんげん》した証《あかし》であるという。

私もこの見解には同意する。

しかも神が「喜ぶ（＝台風の暴風雨）」ことが、人間には「難儀（＝台風の被害や影響）」なことであるという「逆説の暗示」までが見て取れるから、これまで何度も登場した日月神示特有の「逆説的表現」とも一致するのである。

最終段落に移って「**この大掃除一応やんだと安堵《あんど》する**」とは、おそらく「大掃除（＝大峠）」の途中段階で、一時《いっとき》全てが終わったかのような静けさや平穏が訪れるという意味であろう。

しかしこれに続けて「**この時、富士鳴門がひっくり返るぞ**」とあるから、本番はそれからであることがわかる。

そこで「**富士鳴門が引っくり返る**」の意味であるが、「**富士＝火山＝火＝縦**」、「**鳴門＝海＝水＝横**」であるから、これまで我々が「火（縦）」と「水（横）」だと信じてきたもの（＝価値観）が、実は逆様《さかさま》で、それが引っ繰り返るということではないだろうか。

「**天の道、地の道ぞ、ひっくり返るぞ**」ともあるように、「大峠」の最終段階では、天地が引っ繰り返るような「価値観の大逆転」が起こるという意味に解される。

ズバリ言えば、それまで善《よ》しとしてきた「**体主霊従**」の価値観が引っ繰り返り、本来の「**霊主体従**」に戻ることではないだろうか。

以上は「霊的視点」で見た解釈であって、勿論《もちろん》「物理的視点」で解釈することも可能である。

この場合は「富士＝火」、「鳴門＝水」であるから、「火」と「水」による大災害、もしくは大天変地異が起こり、天地が引っ繰り返る（ような）とんでもない状況になるという意味であろう。

火と水による大災害なら我々にもイメージしやすい。

当然ながら、富士山の噴火も現実のものとなるはずだ。

そして最後はいつものように「**早う改心してくれよ**」であるが、もうこの意味を繰り返す必要はないだろう。

## 第三帖（八三）

メリカもキリスは更なり、ドイツもイタリもオロシヤも外国はみな一つになりて⦿の国に攻め寄せて来るから、その覚悟で用意しておけよ。神界ではその戦の最中ぞ。学と神力との戦と申してあろがな、どこからどんなこと出来るか、臣民にはわかるまいがな、一寸先も見えぬほど曇りておりて、それで⦿の臣民と思うているのか、畜生にも劣りているぞ。まだまだ悪くなって来るから、まだまだ落ち沈まねば本当の改心出来ん臣民沢山あるぞ。

玉とは御魂《おんたま》ぞ、鏡とは内に動く御力ぞ、剣《つるぎ》とは外に動く御力ぞ、これを三種《みくさ》の神宝《かんだから》と申すぞ。今は玉がなくなっているのぞ、鏡と剣だけぞ、それで世が治まると思うているが、肝腎《かんじん》の真中ないのざ、それでちりちりばらばらぞ。アとヤとワの世の元要るぞと申してあろがな、この道理わからんか、剣と鏡だけでは戦勝てんぞ、それで早う身魂磨いてくれと申してあるのぞ。上下《うえした》ないぞ、上下に引っ繰り返すぞ、もう⦿待たれんところまで来ているぞ、身魂磨けたらどんなところでどんなことしていても心配ないぞ、神界の都《みやこ》には悪が攻め寄せて来ているのざぞ。

（昭和十九年八月の十二日、⦿のひつくの⦿）

【解説】

本帖は極めて重要な内容を含んでいる。

まず本帖の初めのほうにある「**神界ではその戦の最中ぞ**」と、最後の「**神界の都《みやこ》には悪が攻め寄せて来ているのざぞ**」とある部分は、共に「神界」の状況を述べているが、何とその神界では「戦の最中で悪によって都が攻められている」という。

単純に考えて「神界」に戦《いくさ》などあるわけがないと思うところだが、神示にははっきりと「**戦の最中**」と書かれている。

これはどういうことだろうか？

おそらくこれは、地上界における「大峠（＝最終戦争）」を生起させるため、同じことをまず「神界」で起こし、次いで一段低い「幽界」に移し、最後に地上界に移写《いしゃ》させるという「神仕組」を述べていると考えられる。

いわゆる地上界で物事が生起する場合の、「神」→「幽」→「顕」三段移写の法則と言うべきものである。

実際に神界で戦が起きていて、それがやがて地上界に移るという前提で右の帖を読めばよく理解できるはずである。

「**メリカもキリスは更なり、ドイツもイタリもオロシヤも外国はみな一つになりて⦿の国に攻め寄**

**せて来る**」とあるのは、ここに示された外国（アメリカ、イギリス、ドイツ、イタリア、ロシア）を筆頭に、多くの国が神国日本に攻めてくるということであるから、いずれ「大峠」が来れば地上世界もそのようになると解釈される。

まさに「日本対世界（＝スメラ対ユダヤ）」の大戦争となるのであろう。

しかしその戦の本質は「**学と神力との戦と申してあろがな**」とあるように、単純なものとものとの物理的な戦《たたか》いではない。

つまり「正神」と「悪神」の戦いであり、地上界では「体主霊従」が「霊主体従」に大転換するための戦いである。

ところが肝腎の臣民（＝日本の臣民）は、「**一寸先も見えぬほど曇りて**」いて、「**畜生にも劣る**」ほどどうしようもない状態に堕《お》ちていると指摘されている。

その結果が「**まだまだ落ち沈まねば本当の改心出来ん臣民沢山ある**」ということに繋《つな》がるのだ。

これが神の目に映る日本の臣民の状況である。

次に第二段落目に移ると、話はガラッと変わって、「玉」、「鏡」、「剣《つるぎ》」という「三種《みくさ》の神宝《かんだから》」が登場する。

「**玉とは御魂《おんたま》ぞ、鏡とは内に動く御力ぞ、剣《つるぎ》とは外に動く御力ぞ**」と示されているが、これに続いて「**今は玉がなくなっているのぞ、鏡と剣だけぞ、それで世が治まると思うているが、肝腎《かんじん》の真中**

**ないのざ**」とか「**剣と鏡だけでは戦勝てんぞ**」とある。

一見謎めいた文章だが、「玉」、「鏡」、「剣」それに「三種《みくさ》の神宝《かんだから》」が登場するから、これは明らかに神国日本のことを指している。

「三種の神宝」とは、天皇家に伝わる「三種《さんしゅ》の神器《じんぎ》」に対応するものであろう。

重要なことは、「三種の神宝」のうち「玉」がなくなっていると示されていることで、「肝腎の真中」がないため「世が治まらん」とある。

読者はここから何かを思い出さないだろうか？　真中にある（居る）べき重要な存在を――。

そう、「てんし様」である。「玉」とは「てんし様（＝スメラミコト）」のことに他ならない。

本来、霊的中心（＝玉）として真中におられるべき「てんし様」が不在だったため、神国日本は「岩戸」が閉められて不完全な状態に置かれていたのである。

つまり十全に「世が治まっていなかった」のであるし、このままでは「大峠」の戦にも勝てず無論「ミロクの世」が到来することもない。

「**玉（＝御魂《おんたま》）**」とは「てんし様」のことであるから、「てんし様」を真中にして、「**鏡（＝内に働く力）**」と「**剣（＝外に働く力）**」が左右にある姿が元の完全なカタチである。

日本が神国として復活するためには、絶対にこのカタチを取り戻さなければならないのであり、ここからも「てんし様」降臨が如何《いか》に重要な神仕組であるかがわかるだろう。

このための舞台が「大東亜戦争」であったのだ。

なお右の「玉」、「鏡」、「剣」については、「**アとヤとワの世の元要るぞ**」という一節とも対応しており、「ア」が「玉」、「ヤ」は「鏡」、「ワ」が「剣」という関係に置き換えられる（「ア、ヤ、ワ」については、第一巻「上《うえ》つ巻」第二十六帖の解説を参照されたい）。

一点補足すると、天皇家に伝わる「三種の神器」とは、ここで述べた「三種《みくさ》の神宝《かんだから》」を象徴していると考えるべきである。単なる「物」ではない。

最後に強調しておきたいのは、「**もうゝ⃝待たれんところまで来ているぞ**」とはっきり示されていることである。地上界のタイムリミットも近いということであり、それ故に「**それで早う身魂磨いてくれ**」と、神は何度も何度も仰《おっしゃ》っているのだ。

## 第四帖（八四）

一二三《ひふみ》の仕組が済みたら三四五《みよいづ》の仕組ぞと申してありたが、世の元の仕組は三四五の仕組から五六七《みろく》の仕組となるのぞ、五六七の仕組とはミロクの仕組のことぞ、獣と臣民とハッキリ分かりたら、それぞれの本性出すのぞ、今度は万劫末代《まんごうまつだい》のことぞ、気の毒出来るから洗濯大切と申してあるのぞ。今度お役決まりたらそのままいつまでも続くのざから、臣民よくこの神示読みておいてくれよ。

（昭和十九年八月十三日、⦿のひつくのか三）

**【解説】**

「ミロクの世」に至る仕組として、第二巻「下《しも》つ巻」第十四帖で「一二三《ひふみ》の仕組」、「三四五《みよいづ》の仕組」の二つが登場しているが、本帖でその最後となる「五六七《みろく》の仕組」が登場する。

何故これが最後の仕組かと言えば、「**世の元の仕組は三四五の仕組から五六七《みろく》の仕組となる**」ことだと示されており、しかも「**今度は万劫末代《まんごうまつだい》のことぞ**」とあるからである。

万劫末代とは「未来永劫《みらいえいごう》」、「この先ずっと」といった意味である。

ここに「三つの仕組」が出揃《でそろ》ったが、ここからわかるのは、これらの仕組には「神定の順序」があり、「一二三」→「三四五」→「五六七」という順番で進んでいく（＝成就する）ということである。

また、「一二三」と「三四五」は「三」が重複し、「三四五」と「五六七」は「五」が重複しているから、この三つは「連続した仕組」でありしかも「前者の最後が後者の始め」になっている。

つまり相互に「糊《のり》しろ」があって、それでくっ付き連結されていると考えられる。

では「五六七の仕組」とは何かと言えば、「**五六七の仕組とはミロクの仕組のことぞ**」とあるように、明らかに「五六七の仕組」を経て「ミロクの世」になる仕組のことである。

「ミロク」という語感からは、全てが「よいことずくめ」のように思われるかもしれないが、そこに至るプロセスはむしろ正反対であることを覚悟しなければならない。

「**獣と臣民とハッキリ分かりたら、それぞれの本性出すのぞ**」とあるように、この仕組は「ミロクの世に行ける臣民」と「落伍する獣」にハッキリ二分される仕組であって、しかも「**それぞれの本性**」が出るのだから、世の中は混乱の極みになることが見て取れる。

注意していただきたいのは、「獣と臣民」にキッチリと二分されるということで、その中間はないという点だ。「身魂磨き」の成果によって、神が必ずどちらかに振り分けるのである。

個人の意思とは無関係に、否応《いやおう》なく二つに分かれる仕組なのである。

つまり再び生まれ変わってやり直すこともできず、勿論留年《りゅうねん》などもない。文字どおり「最後の仕分け」なのである。

「**気の毒出来るから洗濯大切と申してあるのぞ**」とは、そうならないように「洗濯（＝身魂磨き）」が重要であるとの諭《さと》しである。

最後の「**今度お役決まりたらそのままいつまでも続く**」とあるのは、「ミロクの世」の臣民の役割について述べたものである。

「ミロクの世」では、全ての臣民が人体細胞の一つ一つのように、身魂の性来により適材適所を得て、個が全体のために奉仕し、全体があるから個が生かされるという、最も理想的な統治形態になるのである。

これが「お役が決まったらいつまでも続く」という意味であり、嫌な仕事に強制的に就《つ》けられるという意味ではない。

## 第五帖（八五）

喰うものがないと申して臣民不足申しているが、まだまだ少なくなりて、一時は喰う物も飲むものもなくなるのぞ、何事も行であるから喜んで行して下されよ。滝に打たれ、蕎麦粉喰うて行者、行しているが、断食する行者もいるが、今度の行は世界の臣民みな二度とない行であるから厳しいのぞ。この行出来る人と、よう我慢出来ない人とあるぞ、この行出来ねば灰にするよりほかないのぞ、今度の御用に使う臣民はげしき行さして神うつるのぞ。今の⦿の力は何も出てはおらぬのぞ。この世のことは⦿と臣民と一つになりて出来ると申してあろがな、早く身魂磨いて下されよ。

外国は○、⦿の国は、ヽと申してあるが、ヽは⦿《かみ》ざ、○は臣民ぞ、○ばかりでは何も出来ぬ、ヽばかりでもこの世の事は何も成就せんのぞ、それで⦿かかれるように早う大洗濯してくれと申しているのぞ、⦿急けるのぞ、この御用大切ぞ、⦿かかれる肉体沢山要るのぞ。今度の行は○を綺麗にする行ぞ、掃除出来た臣民から楽になるのぞ。どこにおりても掃除出来た臣民から、よき御用に使って、☉から御礼申して、末代名の残る手柄立てさすぞ。☉の臣民、掃除洗濯出来たらこの戦は勝つのぞ、今は一分もないぞ、一厘もないぞ、これで☉国の民と申して威張っているが、足許《あしもと》からビックリ箱があいて、四ツん這《ば》いになっても助からぬことになるのぞ、穴掘って逃げても、土もぐっていても、灰になる身魂は灰ぞ、どこにいても助ける臣民、助けるぞ。☉が助けるのでないぞ、☉助かるのぞ、臣民も☉も一緒に助かるのぞ、この道理よく肚に入れてくれよ、この道理わかりたら☉の仕組はだんだんわかりて来て、何という有り難いことかと。心がいつも春になるぞ。

（昭和十九年八月の十四日の朝、☉のひつ九のか三）

**【解説】**

比較的長文の帖であるが、主題は「**臣民の行《ぎょう》**」であってその内容は次の三つに集約される。

- **◉今度の行は世界の臣民にとって二度とない厳しい行である。**
- **◉☉かかれる肉体沢山要るが、今は一分も一厘もない。**
- **◉灰になる身魂は灰になり、助ける臣民はどこにいても助ける。臣民も☉も共に助かる。**

「行」と言えば「滝行」や「断食行」など、行者《ぎょうじゃ》が行うような荒行を想像するが、日月神示は「**何**

**事も行**」と明言している。

つまり臣民の生きている現場そのもの、生活の全てが「行」であるという意味で、これはつまるところ「身魂磨き、メグリ取り」と同義である。

その「行」とは「**世界の臣民みな二度とない厳しい行**」であって、「**行出来る人と、よう我慢出来ない人**」と示されているが、結局これが「**どこにいても助かる臣民**」と「**灰になる臣民**」の分岐点になる。

「**神かかれる肉体**」とは、言うまでもなく「**行（＝身魂磨き）が出来た者**」のことであるが、残念ながら「**今は一分も一厘もない**」と示されている。

単純には、百人か千人に一人くらいしかいないということだろう。

なおここで言う「**今は**」とは、この神示が降ろされた昭和十九年八月の時点を指しているから、当時の岡本天明とその同志たちであっても、まだまだ「身魂磨き」が進んでいなかった様子が窺《うかが》える。

もっとも日月神示の初発が同年六月十日であるから、本帖降下の時点ではまだ二カ月くらいしか経《た》っていないわけで、たった二カ月で急速な「身魂磨き」を期待するほうが無理というものだろう。

当時の天明たちの状況としては、やむを得なかったと言えよう。

では、彼らに比べて時間がたっぷりあるはずの、現代の我々の「身魂磨き」は果たして進んでいるだろうか？　自分に問うてみていただきたい。

右のような状況であったから、神はここでも「**早く身魂磨いて下されよ**」、「**⦿急けるのぞ**」と矢のような催促《さいそく》と叱咤激励《しったげきれい》をしているのである。

それにしても、「**穴掘って逃げても、土もぐっていても、灰になる身魂は灰ぞ**」との表現は強烈である。

これは臣民への警告であり、同時に「大峠」の様相を示していると見るべきであるが、神にとっても尻に火がつく思いをしている様《さま》が伝わってくるようだ。

何度も登場する「**⦿急けるのぞ**」という一節は、神の偽《いつわ》らざる気持ちなのだろう。

ところで「⦿」という文字（記号？）は、一般には「神」と訳され「かみ」と読まれることが多いが、本帖ではこれとニュアンスが違う意味で用いられている。

この点によく注意していただきたい。

「**外国は〇、⦿の国はゝと申してあるが、ゝは⦿《かみ》ざ、〇は臣民ぞ**」とある部分は、単純に「⦿＝神」と割り切ることはできない。

大事なところなので、整理しておこう。

**「ゝ」＝　神、　神国**

## 「〇」＝臣民、外国

右のように「⦿」を「ヽ」と「〇」に区分すれば、「ヽ」は「**神、神国**」であり、「〇」は「**臣民、外国**」という意味になる。

ところがこれを正しく理解するには、左右「対《つい》」の関係で認識しなければならないのである。

つまり「ヽ」が「神」であるならば「〇」は「臣民」であり、「ヽ」が「神国」なら「〇」は「外国」という関係性で見なければならない。

「対《つい》」という相関関係の視点で理解しないと混乱を来《きた》すので、よくよく注意していただきたい。

ここから「⦿」が何を意味するか、その原義とでも言うべきものが導き出される。

それは「**中心（ヽ）に外（〇）がまつろう**」ということである（「まつろう」とは心から従うこと、心服するという意味である）。

「神（ヽ）」と「臣民（〇）」、「神国（ヽ）」と「外国（〇）」のあるべき姿とは、まさしく「まつろう（⦿）」ことなのだ。「まつろう」を図式化すれば「ヽ」＋「〇」→「⦿」となることはおわかりだろう。

ここがわかれば、「⦿」とは「てんし様（ヽ）」と「臣民（〇）」のことでもあるし、個人に当てはめれば、「真我（ヽ）」と「自我（〇）」の関係性を表すことも理解されるはずである。

また個人でなく「民」に適用するなら、「スメラの民（ヽ）」と「ユダヤの民（〇）」に置き換えられる。

このように「☉」には実に広くて深い意味がある。

このことを知らずに、単純に「☉＝神、かみ」という固定観念を持つと、神示の理解に重大な齟《そ》齬《ご》を来《きた》すことにもなるので、よくよく注意していただきたい（ここで登場した「真我」と「自我」については、『秘義編』第二章　真我と自我を、また「スメラ」と「ユダヤ」については、『奥義編』第四章　スメラとユダヤをそれぞれ参照されたい）。

尚、私は、今説明したような理由から「☉」を「神文字」と呼んでいることを付言しておきたい。単なる「記号」で片づけるにはあまりにも意味が重すぎる。

## 第六帖（八六）

今は善の神が善の力弱いから、善の臣民苦しんでいるが、今しばらくの辛抱ぞ、悪神総がかりで善の肉体に取りかかろうとしているから、よほどフンドシ締めておらんと負けるぞ。親や子に悪の神かかりて苦しい立場にして、悪の思う通りにする仕組立てているから気をつけてくれよ。☉の、も一つ上の☉の世の、も一つ上の☉の世の、も一つ上の☉の世は戦済んでいるぞ、三四五から五六七の世になれば、天地光りて何もかも見えすくぞ。八月のこと、八月の世界のこと、よく気つけておいてくれよ、いよいよ世が迫りて来ると、やり直し出来んと申してあろがな。いつも剣の下にいる気持ちで心引き締めておりてくれよ、臣民口で食べる物ばかりで生きているのではないぞ。

（昭和十九年八月の十五日、ひつく㋹と㋹のひつ九のか三しるさすぞ）

**【解説】**

本帖は前半が「悪神の仕組」を、後半が「八月の世界」について述べている。

順に見ていこう。

まず前半は「**今は善の神が善の力弱い**」とか「**善の臣民苦しんでいる**」とあるように、当時は（勿論今も）悪神が圧倒的な力でこの世を支配していることを指している。

悪神は「**総がかりで善の肉体に取りかかろう**」として、「**親や子に悪の神かかりて苦しい立場にして**」まで「**悪の思う通りに**」しようとしているという。

これが悪神の仕組であって、善の肉体（＝因縁の身魂）は自分の親や子にまで苦しめられるようであるが、現実にはこれほど辛《つら》い試練はないだろう。

これがいつまで続くのかというと「**今しばらくの辛抱ぞ**」とあるだけで、具体的な時期は示されていないが、これは常識的に「大峠」が終わるまでということになるはずだ。

なお注意していただきたいのは、ここで言う「善」と「悪」はいずれも「善の御用」、「悪の御用」という意味であって、独立して存在する「絶対善」、「絶対悪」はあり得ない。

後半に「八月のこと、八月の世界のこと、よく気つけておいてくれよ」とあるが、私はこれを「昭和二十年八月」のことと解釈している。

というのは、この時期は大東亜戦争が終わって神国日本の運命が大きく転換する「神仕組」の時節に突入するからである。

具体的には「一二三《ひふみ》の仕組」から「三四五《みよいづ》の仕組」に入ることだと解される。

読者もご存じのように、昭和二十年八月六日、広島に人類史上初の「原爆」が投下され、九日には「長崎」にも落とされた。これによって広島で十四万人、長崎では七万人が殺された。

それればかりか同九日には「日ソ中立条約」を一方的に破ったソ連（当時）が満州に侵攻したのである。

万策尽きた大日本帝国は、八月十日の御前会議で昭和天皇のご聖断をもって遂にポツダム宣言を受託し、連合国への降伏・敗戦を決定した。

そして、八月十五日、終戦となったのである。

現象的に見れば、日本が地獄の底に叩き落とされたことになるのだが、神仕組上は「てんし様」の御神霊が昭和天皇に降臨され、新時代への第一歩を踏み出したときなのである。

このように現実的にも心霊的にも極めて大きな転換が神国日本に起こったのである。

私が「昭和二十年八月」に拘《こだわ》るのは、右のような事実があったからである。

これを密かに暗示しているのが、本帖が降ろされた日付なのだが、読者はお気づきだろうか？

右の「第六帖」が降ろされたのは「昭和十九年八月十五日」である。

そしてそのピッタリ一年後の八月十五日、大東亜戦争が終わり、神国日本は「一二三の仕組」から「三四五の仕組」に移行した。

こんなことが偶然起こるはずがないであろう。


また右のように解釈しなければ、「**⦿の、も一つ上の⦿の世の、も一つ上の⦿の世は戦済んでいるぞ**」の意味が取れないのである。

ここで神は「**戦が済んでいる**」と明言しているが、何の戦であるかは示していない。

ただこれは「大峠」のときの「世界最終戦争」を示したものではないはずだ。

何故ならば、第三帖で「**神界ではその戦の最中ぞ**」と示されており、こちらが神界における「大峠」の最終戦争を指していると解釈されるからである（第三帖解説を参照されたい）。

しかも第三帖は八月十二日に降ろされたばかりで、そのわずか三日後の八月十五日に「戦済んでいるぞ」ではあまりにも不自然すぎる。

よって第三帖の「戦」が「大峠」のときの最終戦争を、本帖の「戦」は「大東亜戦争」を意味すると解釈するのが最も適切である。

そうすると「**⦿の、も一つ上の⦿の世の、も一つ上の⦿の世は戦済んでいるぞ**」の意味は、最奥の神界では「大東亜戦争が終わっている」ということであり、それが途中段階の幽界を経て、一年後に地上界で具現するということになる。
　このように考えれば、矛盾《むじゅん》は何も生じないしスッキリと意味が通る。

　「**いよいよ世が迫りて来ると、やり直し出来んと申してあろがな。いつも剣の下にいる気持ちで心引き締めておりてくれよ**」とある部分は、岡本天明たちが奉仕すべきその後の「神業」に対して、神が気持ちを強く引き締めるよう促《うなが》したものであろう。

　この時点までに天明たちが奉仕した「神業」は、「榛《はる》名《な》山《さん》神業《しんぎょう》」以外には「**江戸の仕組（八月八～十日）**」のみであり、この後に「**甲斐の仕組**」と「**鳴門の仕組**」などが控えている。

　そのどれもが失敗したりやり直したりできないものであるから、「**いつも剣の下にいる気持ちで心引き締めてくれ**」と諭《さと》していると思われる。

　勿論、現在の我々にとっても、天明たちと同じような緊張感を持つことは絶対必要である。

　最後の「**臣民口で食べる物ばかりで生きているのではないぞ**」は唐突に出てくるので、少々面食らうが、これは「戦」とは直接の関係はないと思われる。

「（臣民が）口で食べる物」とは「肉体」が生きるために必要であるが、「そればかりで生きているのではない」と示されているから、真意は間違いなく「霊的な食物」のことを指している。

　これに関連して、補巻「月光の巻」第二十五帖には「**食物は科学的栄養のみに囚われてはならん。**

霊の栄養大切」と述べられているし、また同第三十八帖には「何故に神示を食べないのか。見るばかりでは身につかんぞ」とある。

このことから神が仰《おつしや》っている「霊的食物」とは、「神示をよく読め、神示どおりに生きろ」ということであり、ひいては「魂が喜ぶ道」であると言えよう。

## 第七帖（八七）

悪の世であるから悪の臣民世に出てござるぞ、善の世にグレンと引っ繰り返ると申すのは、善の臣民の世になることぞ。今は悪が栄えているのざが、この世では人間の世界が一番遅れているのざぞ、草木はそれぞれに⦿のみことのままになっているぞ。一本の大根でも一粒の米でも何でも尊くなったであろうが、一筋の糸でも光出て来たであろうがな、臣民が本当のつとめしたなら、どんなに尊いか、今の臣民には見当とれまいがな、神が御礼申すほどに尊い仕事出来る身魂ぞ、殊《こと》に⦿の国の臣民みな、まことの光あらわしたなら、天地が輝いて悪の身魂は目あいてはおれんことになるぞ。結構な血筋に生まれていながら、今の姿は何事ぞ。⦿はいつまでも待てんから、いつ気の毒出来るか知れんぞ。戦恐れているが、臣民の戦くらい何が恐いのざ、それより己の心に巣喰うている悪のみたまが恐いぞ。

（昭和十九年八月の十六日、⦿のひつ九のか三）

**【解説】**

冒頭の、「**悪の世であるから悪の臣民世に出てござるぞ**」は、直前（＝第六帖）の「**今は善の神が善の力弱いから、善の臣民苦しんでいる**」と裏腹の関係で、どちらも同じことを述べている。

要はこの世界が、悪神が支配する「体主霊従」に堕ちていることを指す。

「**グレンと引っ繰り返る**」とか「**上下引っ繰り返る**」という表現は、神示のあちこちによく出てくるが、右にあるように霊的な意味では「**善の世になる**」こと、即《すなわ》ち「**霊主体従**」に戻ることである。

ただし「善の世になる」と言っても悪が消えてなくなることではなく、「**善悪ともに抱き参らせて**」より高次の善の世になるという意味であるから、この点は特に注意していただきたい。

日月神示は単純な「善悪二元論」などではなく、善も悪も「**神の御用、はたらき**」と捉《とら》えているが、これは日月神示の「神仕組」全体を理解する上で極めて重要である（善と悪の御用については、『ときあかし版』ミロクの章に詳述）。

「**この世では人間の世界が一番遅れている**」とあるのも、今が悪の世であることの裏返しである。

本来の臣民は「**本当のつとめしたなら、どんなに尊いか、今の臣民には見当とれまいがな**」、「**神が御礼申すほどに尊い仕事出来る身魂ぞ**」とあるとおりなのだ。

その中でも「**殊《こと》に⦿の国の臣民みな、まことの光あらわしたなら、天地が輝いて悪の身魂は目あいてはおれんことになるぞ**」と断言されているほど、元々神の国の臣民（＝スメラの民）の霊格は高いのである。

それなのに「**今の姿は何事ぞ**」、「**臣民の戦くらい何が恐いのざ、それより己の心に巣喰うている悪のみたまが恐いぞ**」と指摘されているのは、それほど落ちぶれているからに他ならない。

ここで言う「臣民の戦」とは「大東亜戦争」のことであろうが、そんな物理的な戦よりも「心の中の悪のみたまが怖い」とまで言われていることの重みを肝《きも》に銘じなければならない。

最後に「**⦿はいつまでも待てん**」とある部分だが、これが持つ意味は、「**も一つ上の⦿の世は戦済んでいるぞ**」（第六帖）と、「**神界ではその戦の最中ぞ**」（第三帖）から来ていると考えればわかりやすい。

神界では既に「大東亜戦争」が終わっているし、次の「大峠」の最終戦争も現在進行形であったことを思い出していただきたい。

つまり神界の出来事が（幽界を経由して）地上界に移写《いしゃ》するのであるから、地上世界で大東亜戦争が終わるのは時間の問題であるし、「大峠」の最終戦争が地上界に移写するのもそう遠い将来の話ではないからである。

要するに、「矢は既に放たれた」のである。

このように神界での計画進行がベースとなっているから、地上界のことも「**いつまでも待てん**」のであって、単に臣民の気持ちを引き締めるための方便ではないと知るべきだ。

## 第八帖（八八）

山は神ぞ、川は神ぞ、海も神ぞ、雨も神、風も神ぞ、天地みな神ぞ、草木も神ぞ、神祀れと申すのは神にまつろうことと申してあろが、神々まつり合わすことぞ、皆何もかもまつりあった姿が神の姿、⦿の心ぞ。皆まつれば何も足らんことないぞ、余ることないぞ、これが神国の姿ぞ、物足らぬ足らぬと臣民泣いているが、足らぬのでないぞ、足らぬと思うているが、余っているではないか、上《かみ》の役人どの、まず⦿祀れ、⦿祀りて⦿心となりて⦿の政治せよ、戦などは何でもなくケリつくぞ。

（昭和十九年八月十七日、⦿の一二のか三）

**【解説】**

本帖は「**神祀《まつ》り、神を祀る**」という観点から、「ミロクの世」の実像に触れていることが特徴である。

まず日月神示が言う「**神**」をひと言で表せば「**一神即多神即汎神**《いっしんそくたしんそくはんしん》」ということになるが、ここでは明らかに「**汎神**」的立場で神を説明している。

山、川、海、雨、風、草木など、天地一切全てが神であると明言しているが、元々日本人には古来から「八百万《やおよろず》の神」という考え方があるから、これは受け入れやすい概念であるだろう。

では「神を祀る」とは如何《いか》なることかと言うと、右の神示には「**神にまつろうこと**」、「**神々まつり合わすこと**」、「**皆何もかもまつりあった姿**」と示されている。

「**まつろう**」の辞書的意味は「従う、服従する」とあるが、単に「盲目的に服従する」ことでは勿《もち》論《ろん》ない。

何故《なぜ》ならば⦿の本質とは「**歓喜**」そのものであるから、「**神の歓喜（＝中心歓喜）に心から従う**」という前提がなければならないからだ。

よって「神祀り」とは、「世の元の大神様」の歓喜に心を向けて神の「マコト」に従い、臣民自ら「神人一体」となることを念じつつ、天地自然一切のものと和合調和し、これらによって生かされていることに感謝することだと説明できよう。

一般的な説明はこのように長たらしくなるが、日本人が古来から慣れ親しんできた「**惟神《かんながら》の道《みち》**」という言葉がこれと同義であり、全てを言い表していると言ってよい。

このように「**神とまつろう世界**」こそが、来《きた》るべき「**ミロクの世**」なのであり、「**皆まつれば何も足らんことないぞ、余ることないぞ**」という状態になるのである。

もっとも「何も足らんことない」とは、物質的な過不足がないという意味ではない。

「歓喜」、「神人一体」、「和合」、「調和」、「感謝」などがベースの「ミロクの世」では、一切が神

（＝てんし様）のものであり、しかも「てんし様」に捧げることが臣民の喜びであるから、そこには「足らない」とか「余る」という概念さえ消滅しているはずである。

ものが足りないとか余っているというのは、「体主霊従」の地上界の話である。

このことが理解できれば、「**上《かみ》の役人どの、まず◉祀れ、◉祀りて◉心となりて◉の政治せよ、戦などは何でもなくケリつくぞ**」の意味も胸落ちするだろう。「◉祀り」、「◉心」、「◉の政治」が実現すれば、それはもう「ミロクの世」そのものである。

神社などで、形式的に神を拝めば済むような低次元の話ではない。

## 第九帖（八九）

神界は七つに分かれているぞ、天《あま》つ国三つ、地《つち》の国三つ、その間に一つ、天国が上中下の三段、地国（地獄）も上中下の三段、中界の七つぞ、その一つ一つがまた七つに分かれているのぞ、その一つがまた七つに分かれているぞ。

今の世は地獄の二段目ぞ、まだ一段下あるぞ、一度はそこまで下がるのぞ、今一苦労あるとくどう申してあることは、そこまで落ちることぞ、地獄の三段目まで落ちたら、もう人の住めん所ざから、悪魔と神ばかりの世にばかりなるのぞ。この世は人間にまかしているのざから、人間の心次第ぞ、しかし今の臣民のような腐った臣民ではないぞ、いつも神の憑《か》かっている臣民ぞ、神憑かりとすぐわかる神憑かりではなく、肚の底にシックリと、鎮まっている臣民ぞ、それが人間の真の姿ぞ。

いよいよ地獄の三段目に入るから、その覚悟でいてくれよ、地獄の三段目に入ることの表は一番の天国に出づることぞ、神のまことの姿と悪の見られんさまと、ハッキリ出て来るのぞ、⦿と獣と分けると申してあるのはこのことぞ、何事も洗濯第一。

（昭和十九年八月の十八日、⦿の一二⦿）

【解説】

この帖では最初の段落で「**神界の構造**」を、それ以降は「**地獄の三段目**」について述べているが、この二つのテーマについては直接の相互関係はないように思われる。

このように相互の関係性がほとんどないようなテーマが、同じ帖の中に唐突にかつ複数登場するのが日月神示の大きな特徴の一つである。

これまで解説してきた帖の中にも数多く見られていたとおりである。

しかしこれが逆に、日月神示の解読・解釈を難しくしている要因でもあるから、神示第十二巻「夜明けの巻」第一帖にあるように「**よく読む**」こと、それも「**裏の裏まで読むこと**」が極めて重要なのである。

さて、「神界の構造」であるが、「**神界は七つに分かれているぞ**」と前置きがあって、「**天《あま》つ国三つ、地《つち》の国三つ、その間に一つ、天国が上中下の三段、地国（地獄）も上中下の三段、中界の七つぞ、その一つ一つがまた七つに分かれているのぞ、その一つがまた七つに分かれているぞ**」とやや詳細な説明が続いている。

第二巻「下つ巻」第十五帖に「**一二七七七七忘れてはならんぞ、次の世の仕組であるぞ**」とあったように、「ミロクの世」は「七」を基本とした階梯《かいてい》に区分されているが、ここでも同様のことが書かれている。

七つの階層世界の一つ一つが更に七つに、その下も「七つ」に……という具合に構成されていることがわかる。

ここでは「天《あま》つ国」や「地《つち》の国」などの名称に拘《こだわ》るより、神界が「**七を単位とする重層構造**」になっているという点を押さえておくほうが大事であると思われる。

第二段落に移ると、まず「**今の世は地獄の二段目ぞ**」とあるが、この神示が降りた当時（＝昭和十九年八月）は大東亜戦争の真《ま》っ最中《さいちゅう》であったが、それはまだ「地獄の二段目」であったことになる。

あの大戦争でさえも「地獄の二段目」だとされているのは重要な指摘である。

これに続いて「**まだ一段下あるぞ、一度はそこまで下がるのぞ**」と示されているから、いずれ最も厳しい「地獄の三段目」に落ちる仕組のようであるし、しかもそこは、**「もう人の住めん所」**だと言うのである。

　これが意味するのは、明らかに「肉体生命としては存在できない」ということであり、つまりは「大峠」の最終段階で**「全ての人間が一旦死に絶えて」**しまい、霊体に戻るという意味に解される。

　しかも肉体が死に絶えた後の霊体は、**「悪魔と神ばかりの世」**になると示されているから、「神」と「悪魔」に二分されてしまうことがわかる。

　これを人間に当てはめれば、「神」とは「身魂が磨けた臣民（＝神人）」であり、「悪魔」とは「そこまで至れなかった臣民（＝獣）」であることは説明の要がないだろう。

　さてここには、「大峠」を経て「ミロクの世」に移行する際の重大な神仕組が秘《かく》されている。

**「地獄の三段目に入ることの表は一番の天国に出づることぞ」**とある部分がそれだ。

　一見してこれは逆説、しかも大逆説である。

　何故地獄の底に落ちることが「一番の天国に出づる道」なのだろうか？

　その答えは、先の**「悪魔と神ばかりの世」**になることと、更に**「神のまことの姿と悪の見られんさまと、ハッキリ出て来るのぞ」**に含まれている。

　要するに「身魂磨きの成果」が「地獄の三段目」に落ちたときにハッキリ出てくるのであって、身魂が磨けた者だけが「神」となって「一番の天国」へ行けるという意味になるが、実はここにはそれまで十分「身魂」が磨けていなかった者にとってもラストチャンスがあるのだ。

例え話をすると、極悪人の死刑囚が死刑執行直前に何かのきっかけで改心し、まるで「悟《さと》り」を開いた聖者のように激変することが稀《まれ》にあると言うが、ラストチャンスとはこの話とオーバーラップすると考えてよいだろう。

神は、たとえ地獄の三段目であろうとも、最後の最後まで「改心」の機会を与えてくれているのである。もっともこの段階の改心は、口で言うほど容易なことではないけれども――。

このように「**⦿と獣と分ける**」のは、最終的には「地獄の三段目」に堕ちたときに完結する仕組になっているようである。

ここが理解できれば、何故神がしつこく「身魂を磨け」、「改心せよ」、「掃除・洗濯せよ」と仰《おっしゃ》っているかよくわかるだろう。

神は地獄の三段目に入った後でも、「あなた」に一番の天国に行ってほしいからこそ口を酸っぱくして言い続けているのである。

「あなた」の身魂磨きは「あなた」にしかできないのであって、神といえども直接手を出すことは叶《かな》わないのである。

では「身魂が磨けた」とはどんな状態をいうのであろうか。

その答えが「**肚の底にシックリとゝ（キ）鎮まっている臣民**」である。

具体的にイメージするのはなかなか難しいが、言葉にすれば、常に「**世の元の大神様のヽ（キ、中心歓喜）が自分の肚《はら》の底に収まっている**」状態となるであろう。

要するに「神人一体」の状態をいうのであり、これが「**人間の真の姿**」である。

ところで第四帖で、「**五六七の仕組とはミロクの仕組のことぞ、獣と臣民とハッキリ分かりたら、それぞれの本性出すのぞ**」とあったことを思い出していただきたい。

ここで「五六七《みろく》の仕組」とは、「獣と臣民（神民）とハッキリ分ける」ことだと示されているが、これは本帖の「地獄の三段目に落ちたら神と悪に分かれる」という記述と全く同じ意味である。

よって「**五六七の仕組**」＝「**地獄の三段目に落ちる仕組**」という図式が成り立つことがわかる。

おわかりだろう。「ミロクの世」に至るには、その前に必ず「地獄の三段目」に落ちる仕組があるのである。そしてそこに待っているのは神による「**篩《ふる》い分け**」である。

「大峠」と言うと「世界最終戦争」とか「超天変地異《てんぺんちい》」ばかりが気になるが、その真の狙《ねら》いは臣民を「地獄の三段目に落として、神と獣に篩い分ける」ことなのである。

「ミロク」と「地獄」では文字どおり正反対だが、これもまた日月神示の神が仕掛けた「**大逆説**」なのだ。

このように日月神示は逆説に満ちており、神は逆説を多用することによって神理《しんり》を理解させようとしている。

逆説を理解するには、初めは人間の学や智が邪魔になるが、それを突破できればその後の神示理解はかなり容易になるはずである。

## 第十帖（九〇）

いよいよ戦烈しくなりて、喰うものもなく何もなくなり、住むところもなくなったら行く所なくなるぞ。⦿の組から除かれた臣民と⦿の臣民とどちらがえらいか、その時になりたらハッキリするぞ、その時になりてどうしたらよいかと申すことは⦿の臣民なら誰でも⦿が教えて手引っ張ってやるから、今から心配せずに⦿の御用なされよ。

⦿の御用と申して自分の仕事をなまけてはならんぞ。どんな所にいても⦿がスッカリと助けてやるから、⦿の申すようにして、今は戦しておりてくれよ。てんし様御心配なさらぬようにするのが臣民のつとめぞ。⦿の臣民、九十に気つけよ、江戸に攻め来たぞ。

（昭和十九年八月の十九日、⦿のひつ九の⦿）

【解説】

本帖の前半は、直前の第九帖に登場した「地獄の三段目（＝五六七《みろく》の仕組）」の続きと見てよく、間違いなく「大峠」の最終段階の状況を述べている。

「**いよいよ戦烈しくなりて、喰うものもなく何もなくなり、住むところもなくなったら行く所なくなるぞ**」とは、人間が生きていくために不可欠な「衣食住」を含め、物質文明の利器が何もかもなくなってしまう（＝無効・無力になる）という意味であろう。

文字どおり「地獄の三段目」に落ちるのだ。

ここで「**☉の組から除かれた臣民**」とあるのは、「身魂が磨けなかった臣民（＝獣）」のことで、前帖で言う「**悪、悪魔**」に該当する。

また「**☉の臣民**」とは言うまでもなく「身魂が磨けた臣民」であって、前帖では「**神、神のまことの姿**」と表現している。

要するに、前帖に登場した「篩《ふる》い分け」のことを再度述べているのだ。

また「大峠」が来ても「**☉の臣民なら誰でも☉が教えて手引っ張ってやるから、今から心配せずに☉の御用なされよ**」とあるとおりなのだが、手を引くのは神であって、そのときになってから、人間が神の手を握ろうとしても後の祭りなので注意していただきたい。

神が振り向いて手を引くのは「身魂が磨けた臣民」だけなのである。

そしてその判断をするのは神である。

よって我々にできることは、最後の最後まで「身魂磨き」に精進することだけである。

第二段落以降は、「臣民のつとめ、心構え」について諭《さと》したものである。

**「⦿の御用と申して自分の仕事をなまけてはならん」、「てんし様御心配なさらぬようにするのが臣民のつとめぞ」**とあるのはそのものズバリであって、特に説明の必要はないだろう。

ただこの部分では「**⦿の御用**」という表現が登場するから、第一義的には既に神の御用（＝神業）に奉仕していた岡本天明たちに宛《あ》てたものだと考えたほうがよいかもしれない。

神が特に注意しているのは、「信仰バカ」になって自分の仕事（＝生業《なりわい》）を犠牲にしてはならないということであるが、これは現代の我々も肝に銘ずべき重要事項である。

少し腑《ふ》に落ちない点があるとすれば、「**⦿の申すようにして、今は戦しておりてくれよ**」という箇所の「**戦**」という言葉であろうか。

この「戦」を「大東亜戦争」と解すると、全体の意味が歪《いびつ》になってしまうから、そのような物理的な戦争ではないはずだ。

ここで言う「**戦**」とは、臣民の心の中に生ずる「**神と悪魔の戦（＝善と悪の戦い）**」のことと霊的に捉えたほうが遥《はる》かに理に適《かな》う。

換言すれば、「体主霊従」に堕ちた臣民が「身魂磨き、メグリ取り」を通して「霊主体従」に復帰するプロセスを「戦」に例えたと考えればよいだろう。実際に自分の中の「霊的な戦」なのだから。

これなら「**今は戦しておりてくれよ**」という言い回しも無理なく理解できる。

次の「**⦿の臣民、九十に気つけよ**」とある部分も抽象的でわかりにくいが、「九十」は「コト」と読み、「言葉」、「言霊《ことたま》」、「マコト」、「(神仕組上重要な)出来事」など広い意味がある。

ここは「臣民のつとめ、心構え」がテーマであるから、臣民は心に「マコト」を保持し、「よい言葉、言霊」を発するようにせよという神の諭しであると解釈すればよいだろう。

最後の「**江戸に攻め来たぞ**」は、如何にも日月神示らしい唐突さでいきなり登場している。その唐突さに相応《ふさわ》しく、これに限っては他の文節や表現との関連がなく、独立した意味を有すると考えられる。

注意すべきは「江戸に攻め来たぞ」と現在形または現在に近い過去形で表現されていることである。つまり時系列的には「今現在」か「最近」という意味合いになる。

ところで、この神示が降ろされた「昭和十九年八月十九日」以前に東京が攻撃(空襲)されたのは、昭和十七年四月十八日の「ドゥーリットル空襲」が一回あるだけで、その後本帖が降ろされるまでの二年四カ月の間、東京が直接攻撃されたことはない。

(注:「ドゥーリットル空襲」とは、昭和十七年四月十八日に、アメリカ軍が航空母艦に搭載した陸軍の爆撃機(B―25)十六機によって奇襲的に行った日本本土に対する初めての空襲である。この爆撃によって、東京、川崎、横須賀、名古屋、四日市、神戸が若干の被害を受けた。作戦の名称は、空襲の指揮官であった「ジミー・ドゥーリットル中佐」に由来する)

二年以上前のたった一回の空襲を引き合いに出して「江戸に攻め来たぞ」というのは、解釈としては不自然であって苦しすぎる。

また直近の未来に東京が攻撃（空襲）を受けるのは、昭和十九年十一月二十四日、マリアナを飛び立ったB―29によるものであるが、これは右の神示降下の三カ月以上後のことであり、やはり「江戸に攻め来たぞ」という表現とは合致しない。

よって本帖で「江戸に攻め来たぞ」とあるのは、大東亜戦争で東京が攻撃（空襲）されたことを表しているのではないことになる。

では「江戸に攻め来たぞ」の真意は何だろうか？

私はこれを、第三帖に登場した「**神界の都には悪が攻めて来ているのざぞ**」と同じ意味ではないかと考えている。

つまり地上界ではなく「神界における出来事」と解釈するのである。

第三帖が降ろされたのは八月十二日、また本帖は八月十九日の降下であるから時期的な間隔はわずか一週間である。

よって両者が同一の出来事を指しているとしても、大きな矛盾は生じない。

神は第三帖と本帖の両方で、神界では「神の国の都が悪によって攻められている」という事実を示そうとされたのではないだろうか。

それが地上界に移写し現実となって顕現するのは、この後三カ月以上経ってからになる。

東京は大東亜戦争で百回以上もの空襲を受けたが、特に昭和二十年三月十日未明の「大空襲」では、一度に十万人以上の市民が虐殺された惨《むご》いものであった。

## 第十一帖（九一）

⦿土《つち》は、白は「し」のつく、黄は「き」のつく、青赤は「あ」のつく、くろは「く」のつく山々里々から出て来るぞ、よく探して見よ、三尺下の土なればよいぞ、いくらでも要るだけ一杯出て来るぞ。

（昭和十九年八月二十日、⦿のひつ九のか三）

**【解説】**

本帖は第二巻「下つ巻」第十八帖、及び第二十九帖に登場する「**⦿の土出る……**」とセットで読み、なおかつ当時の岡本天明たちの活動の一端を知らなければ、絶対に理解できない帖である。

ここでは「⦿土《つち》」が出る場所を示し、「**よく探して見よ**」と指示しているが、岡本天明がどこから「⦿土《つち》」を探してきたのは事実であり、千葉時代（＝奥山を千葉県に遷《うつ》した時期、昭和二十二～二十八年頃）には実際に同志たちに配られたとされている（日本弥栄の会『玉響』Ｎｏ２１７より）。

ただし、具体的な採取地は伝わっていない。

一応の手掛かりは「**し**」、「**き**」、「**あ**」、「**く**」のつく山々や里から出るとされているが、これだけで探し切れるわけがない。しかも「**三尺下の土**」なのである。

よってこれについては、天明が神から自動書記以外の方法で直接「ピンポイントの場所」を指示されたと思われる。

なおこの「⦿土《つち》」や「**⦿の米**」（第一巻「上つ巻」第五帖参照）を神示に載せた理由については、岡本天明たちに対して神示の正しさを証《あか》す「状況証拠」を示す目的があったのは確かであろうが、私はこれ以外にもう一つ大きな目的があると考えている。

それは、「大峠」が来て「（普通の）食料」がなくなったときの「**非常食**」を示しておくことである。

いざとなったら「土」を食べよとは、神示にもはっきりと示されているからである（詳細は『奥義編』第三章　日月神示と食を参照されたい）。

### 第十二帖（九二）

御土は⦿の肉体ぞ。臣民の肉体もお土から出来ているのぞ、このことわかりたら、お土の尊いことよくわかるであろうがな。おヒナは女《おみな》ぞ。甲斐の仕組ご苦労であったぞ。これからいよいよ厳しくなるぞ、よく世の中の動き見ればわかるであろうが、汚れた臣民上がれぬ⦿の国に上がっているではないか。いよいよとなりたら⦿が臣民にうつりて手柄さすなれど、今では軽石のような臣民ばかりで神かかれんぞ。早う神の申すことよく聞いて、生まれ赤子の心になりて、⦿の容れものになりてくれよ。一人改心すれば千人助かるぞ、今度は千人力与えるぞ、何もかも悪の仕組はわかりているぞ、いくらでも攻めて来てござれ、⦿には世の元からの⦿の仕組してあるぞ、学や知恵でまだ⦿にかなうと思うてか、⦿にはかなわんぞ。八月の二十一日、⦿のひつ九のか三。タイチご苦労でありたぞよ。

（昭和十九年八月二十一日）

**【解説】**

この帖には文章としては短いが、「**甲斐の仕組**」に関する記述が混在しており、その何たるかを知らなければ絶対に理解できない箇所がある。

それどころか、これによって余計に全体がわかりにくくなっている。

そこで、まずは「甲斐の仕組」に関する部分を先に説明することとしたい。

「甲斐の仕組」に関係する箇所は、「**おヒナは女《おみな》ぞ。甲斐の仕組ご苦労であったぞ**」と、「（神示が降ろされた）**昭和十九年八月二十一日**」という日付、そして最後の「**タイチご苦労でありたぞよ**」の三箇所である。

『岡本天明伝』によれば、「甲斐の仕組」が最初に行われたのは昭和十九年八月二十日、場所は山梨県甲府市の「帯那山《おびなやま》」、奉仕した役員の名は「因縁の身魂」の一人・都筑太一であった。

「**おヒナは女《おみな》ぞ**」の「おヒナ」とは「**帯那山**」のことであり、それが「**女**」であるという意味である。

この場合の「女」とは間違いなく「女性原理（陰）」を表しているが、「甲斐の仕組」には「江戸の仕組」と同様、「奥山、中山、一の宮」の三つの「宮開き」があるから、帯那山が「女」なら、他の二箇所のいずれかが「男（＝男性原理、陽）」を象徴していることになる。

帯那山は「中山」であるから、おそらくは「奥山」が「男」であり、「男性原理（陽）」を象徴すると考えられる。

また、「**タイチ**」とは天明の同志、「**都筑太一**」のことであって、神が「**ご苦労でありた**」と彼の労を労《ねぎら》っていることが示されている。

またこの神示が降ろされた「**昭和十九年八月二十一日**」という日付は、「**タイチ（都筑太一）**」が神業奉仕した八月二十日の翌日であるから、時期的なタイミングとしても完璧である。

本帖にはこのような「**甲斐の仕組**」の一面が含まれているので、まずはこのことを理解していただきたい。

一点補足すると、右の「甲斐の仕組」に関する記述は、私が底本としている『［完訳］㊀日月神示』には載っているが、他の全訳本では欠落しているものがあるので、この点、注意していただきたい。

例えば私が所持している別の神示全訳本『改訂版ひふみ神示』（コスモ・テン・パブリケーション）では、「甲斐の仕組」の全部がそっくり欠落している。

これはおそらく、編集段階で（内容が個人的すぎるなどの理由で）意図的に削除されたものであると思われるが、神示をきちんと読んで全体を正しく解釈するためには是非とも必要なものであるから、削除されたのは如何《いか》にも残念である。

そういう意味でも、『[完訳]㋹日月神示』は原文に最も忠実であるから、研究・研鑽《けんさん》の上でも大変ありがたいのである。

日月神示全訳本にもこのような相違点があるので、読者は注意されたい。

それでは残りの主な箇所を見ていくと、最初の「**御土は㋹の肉体ぞ。臣民の肉体もお土から出来ているのぞ、このことわかりたら、お土の尊いことよくわかるであろがな**」とは、書いてあるとおりの解釈でよいだろう。

「㋹土《つち》」が食用になり、また薬用にもなることは既に見てきたとおりであるし、日本の国土は「国《こく》祖様《そさま》（＝国常立大神《くにとこたちおおかみ》）の御身体《おからだ》」であると神示に明示されているから、臣民の肉体がお土からできている（＝お土から創造された）ということは、元素レベルで見れば論理的には矛盾しないはずである。

「**汚れた臣民上がれぬ⦿の国に上がっているではないか**」とあるのは、元々神国日本は「てんし様」と「真《まこと》の日本人（＝スメラミコト）」が住む世界の霊的な中心国であったが、「岩戸」が閉められた後は世が乱れ放題に乱れ、「汚《けが》れた臣民（＝我《わ》れ善《よ》し、体主霊従）」が日本中にはびこってしまったことを指すと考えられる。

臣民は「**いよいよとなりたら⦿が臣民にうつる**（＝憑《か》かる）」依代《よりしろ》としての役割を有するが、神示はここでも「**今では軽石のような臣民ばかりで神かかれんぞ**」と述べている。

要するに「汚れた臣民」ばかりなのである。

よってここでも「**早う神の申すことよく聞いて、生まれ赤子の心になりて、⦿の容れものになりてくれよ**」となってしまうのだ。

ここで「**生まれ赤子の心になる**」とは、端的には「身魂磨きが進む」ことと同義であるが、実は「生まれ赤子」をテーマとして、神示全体から関係するピースを集めて総合的に考察すると、そこには人間がこの世に生まれる根本的な意義と仕組が見えてくることがわかっている。

ただそれを詳細に述べる紙幅はないので、興味のある方は拙著『秘義編』第四章　生まれ赤子は小さな神であるを参照していただきたい。

日月神示解説書の中で、ここまで「赤子」の真実を掘り下げたものは拙著以外にないと、自負・

自認できる内容となっている。

次に「身魂磨き」について、本帖では注目すべき点が述べられている。

**「一人改心すれば千人助かるぞ、今度は千人力与えるぞ」**という箇所である。

読者もこれまでは、「身魂磨き」と言えば何はともあれ、まずは自分のために行うものと思われていたであろうが、神示は**「一人の改心で千人助かる」**と述べている。

ここで言う「助かる」とは肉体の生命《いのち》が助かることではなく、その者の「身魂磨き」が進んで「改心」するということであろうが、ともかく神はこのような仕組を構築していたということがわかる。

超常現象マニアや精神世界愛好者の間では、よく「百匹目のサル現象」という言葉が使われるが、本帖の「一人改心すれば千人助かる」はこれと同じような意味であろう。

「百匹目のサル現象」とは比喩的表現で、必ずしも百匹のサル（猿）を意味しないが、要はある個体（例としてサル）がそれまでに考えもつかなかった新しいことを覚えて、それが周囲の仲間に伝わってある数（＝臨界点となる数、例として百）を超えたとき、摩訶不思議なことに、大きく空間（＝距離）を隔てた遠方のサルが突然同じことをやり始めるという現象を言う。

つまり意識下の世界では、情報が空間を超越して瞬時に波のようにあらゆる方向に伝わることがあるという重要な仮説が「百匹目のサル現象」なのである。

だが日月神示では、それを「百匹」ではなく「一人」だと断言している。

もしも一人の「改心」が千人に伝わるのであれば、これは大変なことになる。

最も単純に考えれば、改心する者が千倍ずつ増えていくことになるから、計算上は、初めは一人でも二回目は千人、三回目で百万人（千×千）、四回目で十億人（百万×千）、五回目では何と一兆人（十億×千）という途方もない数になる。

仮に「身魂磨き」がそれほど困難なものではなく、少しの努力で成し遂げられるのであれば、人類全体が改心するのも比較的容易なことになってしまうだろう。

落伍者や落ちこぼれはほとんど発生せず、全員が「ミロクの世」に入ってめでたしめでたしのハッピーエンドとなるに違いない。

しかしそれなら、日月神示の神がこれほど口を酸っぱくして、「身魂磨き」だ、「改心」だ、「メグリ取り」だなどと言い続ける必要性も動機も全くないことになる。

「一人千人効果」とでも言うべき一見楽《らく》そうに見える仕組の陰には、「身魂磨きの厳しさ」が半端《はんぱ》なものではないという事実が隠されているのである。

しかも「身魂磨き」とは一つの「メグリ」を一度越えればそれで終わりではなく、誰もが多数のメグリを抱えているのだから、その広さ深さに応じて越えなければならない優先順位も異なってくる。

「身魂磨き」とは、その人の人生全てをかけてなされるものだと考えるべきである。

また一つのメグリをクリアした達成感や安堵《あんど》感がマイナス方向に働けば、そこに「慢心、取り違い」が発生して「新たなメグリ」を創り出す可能性もあるのだ。

このように「**楽な道ほど厳しい**」と考えるべきなのであり、これが日月神示が多くの帖で「逆説」を用いていることの「裏事情」なのである。第九帖に出てきた「**地獄の三段目に入ることの表は一番の天国に出づること**」などはその典型である。

残りの部分については、これまで出てきたことの繰り返しであるから、特段の解説は不要であろう。

少し長くなるが、ここで横道に入ることをお許しいただきたい。

私は本帖の「**御土は⦿の肉体ぞ。臣民の肉体もお土から出来ているのぞ、このことわかりたら、お土の尊いことよくわかるであろがな**」と「**汚れた臣民上がれぬ⦿の国に上がっているではないか**」とあることから、「富士山」への登山もこれに該当するのではないかと思われて仕方がないのである。

何故なら「**尊いお土（＝富士山）に汚れた臣民が登っている**」からである。

富士山は神国日本の中でも最も尊い霊峰であって、入山するにはそれなりの資格（＝霊格）を有し、心身を清めた者が神の御用のために入るものだと私は考えている。

世界文化遺産に登録された富士山には、単なる観光や物見遊山《ものみゆさん》で登山する人が激増しているが、霊的にこれを見れば「**登れぬ臣民が登って、聖地を土足と我れ善しの心で汚《けが》している**」ことになる。これが「**富士が動く**（＝噴火）」と神示に示されていることと無関係であるはずがない。こう考えるのは私だけではないだろう。

次の神示も今述べたことを暗示している。

富士はいよいよ動くから、それが済むまでは三十里離れた所へ、仮に祀りておいてくれよ。富士は⦿の山ざ、いつ⦿《ひ》を噴くかわからんぞ。

（第一巻「上つ巻」第二十一帖）

富士は晴れたり日本晴れ、てんし様が富士から世界中に稜威《みいづ》される時近づいたぞ。富士はヒの山、日の本の山で、汚してならん御山ざから、人民登れんようになるぞ。

（第五巻「地つ巻」第三十六帖）

富士の山動くまでにはどんなことも耐《こら》えねばならんぞ。上辛いぞ。どんなことあっても死に急ぐでないぞ。

（第六巻「日月の巻」第三十一帖）

私は右の三つの帖を読むにつけ、富士山の「世界文化遺産登録」と「富士が動いて登れなくなる」ことが無関係とは到底思えないのである。

## 第十三帖（九三）

何もかもてんし様のものではないか、それなのにこれは自分の家ぞ、これは自分の土地ぞと申して自分勝手にしているのが㋹の気に入らんぞ、一度は天地に引き上げと知らしてありたこと忘れてはならんぞ、一本の草でも㋹のものぞ。野から生れたもの、山から採れたもの、海の幸も、みな㋹に供えてから臣民戴けと申してあるわけも、それでわかるであろうがな。

この神示《ふで》よく読みてさえおれば病気もなくなるぞ、そう言えば今の臣民、そんな馬鹿あるかと申すが、よく察して見よ、必ず病も治るぞ、それは病人《やみびと》の心が綺麗になるからぞ、洗濯せよ掃除せよと申せば臣民何もわからんから、あわてているが、この神示読むことが洗濯や掃除の始めで終わりであるぞ、㋹は無理は言わんぞ、神の道は無理してないぞ、よくこの神示読んでくれよ。読めば読むほど身魂磨かれるぞ、と申しても、仕事をよそにしてはならんぞ。臣民と申すものは馬鹿正直ざから、神示読めと申せば、神示ばかり読んだならよいように思うているが、裏も表もあるのぞ。役員よく知らしてやれよ。

（昭和十九年八月の二十二日、㋹のひつ九のか三のお告げ）

**【解説】**

本帖の前半のテーマは、「**一本の草でも⦿のものぞ**」が全てを言い表している。

人間のものは何一つとしてないのであり、全ては神からの一時的な「賜《たまわ》りもの」または「貸し与えられているもの」なのである。

自分の肉体さえもそうである。

単純な話、真に自分のものなら自分とは「不離一体」であるはずで、死ぬときも肉体を持っていけるはずだし、家も土地も財産もみんな持っていけるはずではないか。

このことからもわかるように、「自分のものは何一つない」のである。

人間が「**自分のもの**」と言うときは、「**所有権、所有物**」という概念で捉えるのが普通であるが、神が「**神のもの**」と仰《おっしゃ》るときは、「**神の中に生んだもの（＝分身、分け身魂《みたま》）**」という意味であって、捉えどころが根本から異なることに注意していただきたい。

神の目には個人的な「所有権」などあるはずもないから、「**これは自分の家ぞ、これは自分の土地ぞと申して自分勝手にしているのが⦿の気に入らんぞ**」となるのである。

なお冒頭の「**何もかもてんし様のものではないか**」とは、この地上界（岩戸開きの後は「ミロクの世」）を統《す》べる王が「てんし様」であって、その「てんし様」は「神」なのであるから当然の道理である。

後半のテーマは、**「この神示《ふで》よく読みてさえおれば病気もなくなるぞ」**に集約される。

そしてここには、「病気治し」の裏に重要な真理が秘められている。

まず何故「病気がなくなる」、「治る」のかについて神示は、「（神示を読むことによって）**それは病人《やみびと》の心が綺麗になるからぞ**」としか書いていない。

病気とは「気《き》の病《やまい》」とよく言われるが、日月神示も基本的に同様のことを述べている。

ところが神示は単に「治る」だけではなく「（病気が）なくなる」と言っているのであるから、これは発症した病を治すだけではなく、「病そのものが消滅する」という意味になる。

どうやらここには深遠な真理があるようだ。

つまり「病」とは「**メグリ**」として生じたものなのである。このように捉えるのが最も神意に適っているはずである。

現象的には「細菌、ウイルス、遺伝子異常」などが病の直接の原因ではあるが、その根っ子にあるのが「メグリ」なのである。

よって、「**病人《やみびと》の心が綺麗になれば（＝メグリが取れれば）病が治る（＝なくなる）**」のは当然の道理で、これが「病気治し」の根本原理である。

ただ理屈はそうかもしれないが、症状が進めば「メグリ」が多少取れても病気自体は手遅れになって死ぬことがあるではないかと、疑問を呈する読者もいるであろう。

神示にも「**そう言えば今の臣民、そんな馬鹿あるかと申すが**」とあるとおりである。

常識的にそれはよくわかるし、百%全ての病気が治るとは思えないから、私もここは「?」と感じた部分である。

ところがよくよく考えてみれば、神はひと言も「**肉体の病が治る（なくなる）**」とは言っていないのである。ここに盲点があった。

つまり神が仰《おっしゃ》っているのは霊的な根本原理のことで、「**メグリが取れたならば本来病はない（＝ミロクの世ではそうなる）**」という意味であるのに対し、我々人間が思うのは「この肉体の病が治ること」だけなのである。

そこには百八十度視点の相違がある。深さ、広さがまるで異なっているから「**よく察して見よ、必ず病も治るぞ**」と諭《さと》されているのだ。

以上のことがわかれば「**この神示《ふで》よく読みてさえおれば病気もなくなるぞ**」の真意も理解されるだろう。

「神示拝読→肉体の病気治癒《ちゆ》」というご利益《りやく》的な関係ではなく、「神示拝読→メグリ取り→霊的な病気治癒（＝病の消滅）」という関係になるのは歴然としている。

このようなことを理解しないまま、ただ神示を読めばよいと思っているから、「**臣民と申すものは馬鹿正直ざから、神示読めと申せば、神示ばかり読んだならよいように思うている**」と指摘されているのである。

このように神の仰ることには「**裏も表もある**」のであって、何度も言うように、それ故に「**神示よく読めと、裏の裏まで読めと申してあろが**」（第十二巻「夜明けの巻」第一帖）と示されているのだ。

即ち本帖から我々が学ぶべきは、「**神示を読むとは、自分の生き方が『身魂磨き』の実践に向かうことを当然の前提としている**」ということである。

これなくば、たとえ百万回読んでも、それはただ「書いている文字を追っただけ」でしかない。

## 第十四帖（九四）

臣民にわかるように言うなれば、身も心も⦿のものざから、毎日毎日神から頂いたものと思えばよいのであるぞ、それでその身体《からだ》をどんなにしたらよいかということわかるであろうが、夜になれば眠った時は⦿にお返ししているのざと思え、それでよくわかるであろうが。身魂磨くと申すことは、⦿の入れものとして⦿からお預かりしている、⦿の最も尊いとことしてお扱いすることぞ。

（昭和十九年八月二十三日、⦿の一二のか三）

**【解説】**

本帖は、直前の第十三帖で「**何もかも神（＝てんし様）のもの**」とあったことの補足と考えればよいだろう。

ここで問題になるのは、自分の外にあるものならば「それは神のもの」と言われても一応は納得できるであろうが、**「身も心も⦿のもの」**と言われてもそれだけは釈然としない方がおられるということだろう。

百歩譲って「身体」が神のものであることは理解できても、どうしたって「心」は自分のものだと思うのではないか。もしかすると岡本天明たちもそうだったかもしれない。

神はこの疑問に、**「夜、眠っている時」**を引き合いに出して説明している。

身も心も自分のものならば、たとえ眠っているときでも自分の自由になるはずだが、それは絶対不可能なことである。

従って、眠っている間の身体と心は**「神にお返ししていると思え」**と述べているのである。

これに対して、朝起きてから心身共に自分の自由になるのは、「自分のもの」になったからではなく、**「毎日毎日神から頂いたものと思えばよい」**というわけである（実際は「頂いた」のではなく**「お預かりした」**だけである）。

つまり自分の「身も心」も朝目が覚めたときに一時的に神から頂き、夜眠るときは神にお返ししているのであって、これを毎日繰り返しているということだが、人間には自分の心身は自分のものという強い「自我意識」があるから、ただちに「神のもの」と信じ切るのはなかなか困難なのである。

それ故に「**頂いたものと思え**」、「**お返ししているのざと思え**」という言い回しになったと考えられる。一度に信じられなければ、まず「思うことから始めよ」という指導である。

このように「**身も心も㋹のもの**」であることがわかれば、身体の扱い方一つとっても変わってくるであろうし、是非ともそうでなければならない。

理想を言えば、「自分の心身は神」であるとして「神に対するように」扱うべきである。

そして「**身魂を磨く**」とは、「自分という神を磨く」ことであるから、「**㋹の最も尊いとこととしてお扱い**」しなければならないのである。

## 第十五帖（九五）

嵐の中の捨小船《すておぶね》ぞ、どこへ行くやら行かすやら、船頭さんにもわかるまい、メリカ、キリスは花道で、味方と思うた国々も、一つになりて攻めて来る、梶《かじ》も櫂《かい》さえ折れた舟、どうすることもなくなくに、苦しい時の㋹頼み、それでは神も手が出せぬ、腐りたものは腐らして、肥やしになりと思えども、肥やしにさえもならぬもの、沢山出来ておろうがな、北から攻めて来る時が、この世の終わり始めなり、天にお日様一つでないぞ、二つ三つ四つ出て来たら、この世の終わりと思えかし、この世の終わりは㋹国の、始めと思え臣民よ、㋹㋹様《かみがみ》にも知らすぞよ、神はいつでもかかれるぞ、人の用意を急ぐぞよ。

（昭和十九年八月二十四日、⦿の一二か三）

**【解説】**

この帖は、一読して「大峠」の様相を示しているとわかるものだ。

まず「**嵐の中の捨《すて》小船《おぶね》**」とは神国日本のことである。

嵐の中でもみくちゃに翻弄《ほんろう》される状態を引き合いに出して、日本が世界中の国々から攻められて孤立し、どうすることもできなくなる様子を表している。

「**メリカ、キリス**」とは「アメリカ、イギリス」のことであり、大東亜戦争でも日本の敵国だったが、来《きた》るべき「大峠」でも敵国の代表格になるようである。

そればかりではなく日本の味方（＝同盟国や友好国など）だと思っていた国々までもが敵側に回るというのだから、まさに「日本対外国」という戦いの構図になるようである。

その結果日本は「**梶《かじ》も櫂《かい》さえ折れた舟**」と同様になり、万策尽きてなす術《すべ》もなくなってしまうと示されている。

そのときの日本国内の状況は、「**腐りたものは腐らして、肥やしになりと思えども、肥やしにさえもならぬもの、沢山出来ておろうがな**」とあるから、これは多くの臣民の「身魂磨き」がまだまだ不十分であることを意味すると思われる。

一般に腐ったものでも「肥やし」としての用途はあるが、それすらもないと言うのだから、もはや救いようがない状態と言わざるを得ない。

こうして日本は、外（＝外国）から攻められ、内（＝国内）には神の御用にならない落ちぶれた臣民が多数出て、まさに内憂外患《ないゆうがいかん》、誰が見ても「もうダメだ」と思うところまで落ちることになるようである。

「**北から攻めて来る時が、この世の終わり始めなり**」とは重要なポイントであるが、これには主語が書かれていない。

しかし日本に攻めてくるのであるから、やはりそれは「北の国（＝ロシア?）」であると考えられ、それが日本侵攻の主戦力、主力軍となるのであろう。

なお大東亜戦争においても、ソ連（当時）が北から攻めてきているし、アメリカ、イギリスも敵国であったから、この帖を預言として見れば「**同じ事二度ある**」の説明と見ることもできる。

本帖の前半はこのように、「日本対外国」の大戦《おおいくさ》について書かれている。

ところが後半の「**天にお日様一つでないぞ、二つ三つ四つ出て来たら、この世の終わりと思えかし**」になると、まるっきり様相が変わってしまう。

「**この世の終わり**」とあるから「大峠」の状況には違いないが、どう考えても「日本対外国」の戦争のことなどではない。これは明らかだ。

では真実は何か？　ということになるが、実はこの部分を解釈するには、本帖だけではこれといった決め手がない難問なのである。

全体の文意から、「天の複数のお日様」とは天空に生ずる何か途轍《とてつ》もない異常現象だろうとの推論はできるが、これが自然現象だとすれば「未発見の巨大彗星《すいせい》（それも複数）の接近」かも知れないし、太陽活動の活発化によって地球大気上層でプラズマ放電（発光）が活発化し、それが複数の太陽のように見えるのかもしれない。

また「てんし様」を高度に進化した「宇宙人」だと考えて、その配下の巨大ＵＦＯが光り輝きながら地球にやってくるという、極端にＳＦじみた解釈をする人もいるようだ。

このように、この部分の解釈は以前から賑《にぎ》やかで、「何でもあり」の状況であった。

かく言う私の解釈であるが、結論だけを述べると「**プラズマ発光説**」を採《と》っている。

「**天にお日様一つでないぞ、二つ三つ四つ出て来たら……**」とは「大峠」の様相の一部であるが、「大峠」にはこれ以外にも多数の様相や前兆があるので、それらを総合的に分析・検討し、全ての事象を一元的に説明できる理論（仮説）を構築しなければならない。

私は仮説として、「地球自体のポールシフト（＝極移動による南北逆転）」を既に提示しているが、その仮説の中で「プラズマ発光」の謎も解けるのである。

ただこの謎解きはとても本帖の解説の中に収まるものではなく、優に一つの「章」を構成する質と量があるため、ここでは紹介し切れない。

よって興味のある方は、拙著『ときあかし版』大峠の章に詳しく書いてあるので、そちらを参照していただきたい。

「大峠」では「人間同士の大戦争」と「超巨大天変地異」が起こるとされているが、その順序は「**北から攻めて来る時が、この世の終わり始めなり**」とあるので、人間同士の戦争が最初に来ることがわかる。

何故ならこれは「終わりの始まり」という意味だからである。

また超天変地異については、「**この世の終わりと思えかし**」と示されていて、こちらは明らかに「終わりの終わり」である。

即ち、大戦争で日本が完膚《かんぷ》なきまでにやられた後に、超巨大天変地異が発生するという順序になる。

これによって、地球上の人類も動植物も何もかもが絶滅するような状況になるが、実はこのときこそが「**この世の終わりは⦿国の、始めと思え臣民よ**」なのである。

繰り返すが、「**この世の終わり**」が「**⦿国（＝ミロクの世）の始め**」と示されている。

これも逆説、究極の大逆説である。

考えてもみられよ。

人類が長い歴史をかけて築き上げてきた物質文明が崩れ去り、地球自体が超巨大天変地異に直面してグレンと引っ繰り返り、もう何もかも破壊され破滅するしかない状況に直面したとき、一般の人々が絶望と混乱の極みの中で、「これで遂にミロクの世が来る」と手放しで喜ぶことなどできるわけがないであろう。

だからこそ「**⦿国の、始めと思え**」なのである。

信じ切ることなどまずできない状態になるから、そのときは無理してでも「そう思え」なのだ。神がこのように述べていることを思い出すのが、最後の拠《よ》りどころである。

これは第十四帖で、「**眠った時は⦿にお返ししているのざと思え**」とあるのと同じ構図である。臣民が信じ切れない場合、神は「**思え**」と教えているのだ。

※補足

「**天にお日様一つでないぞ、二つ三つ四つ出て来たら……**」の部分を、岡本天明は「第三次世界大戦（＝最終戦争）」において、「**水爆**（＝水素爆弾、核兵器の一つ）」が使用されることだと解釈していた。

「水爆」は広島・長崎に投下された原爆を遥かに凌駕《りょうが》する強大な破壊力を有し、戦後、米ソが開発競争にしのぎを削っていた。

その威力を端的に示す例として、最大級の水爆を使えば日本列島は数発で消滅するなどとも言われていたことがあった。事実そのとおりなのであろう。

天明の時代には「朝鮮戦争」が勃発したが、この戦争は米ソの代理戦争でもあったから、現実問題として原爆や水爆などの核兵器が使用される可能性があったのは事実である。

天明たちは「朝鮮戦争」が拡大して、米ソが激突する「第三次世界大戦」に発展すると考えていたようであり、これと「富士山爆発（＝噴火）」をセットにして、「大峠」と捉えていたのである。

仮に水爆が複数使用されれば、その閃光は紛れもなく「天にお日様二つ三つ……」のように見えるはずだから、当時としては天明の解釈は的を得ていたと言い得る。

## 第十六帖（九六）

**一二三《ひふみ》は⦿食、三四五《みよいづ》は人《ひと》食、五六七《みろく》は動物食、七八九《なやこ》は草《くさ》食ぞ、九十《こと》は元に一二三食、神国弥栄ぞよ。人、三四五食に病ないぞ。**

（昭和十九年八月二十四日、一二⦿ふみ）


**【解説】**

本帖は難解であるが、全体を素直に読めば「食《しょく》」について述べており、「**神食《かみしょく》（一二三）**」、「**人《ひと》食《しょく》（三四五）**」、「**動物食（五六七）**」、「**植物食（七八九）**」と下がってきて、「**九十《こと》**」を経てまた「神食（一二三）」へと循環する様《さま》を示しているようである。

私は最初、これを「食物連鎖」のことではないかと考えていた。

しかし「食物連鎖」とは、「食う」、「食われる」の関係性を表したものであるから、例えば動物が草（＝植物）を食べ、次に人が動物と草の両方を食べ、更に神は、人、動物、草の全部を食べるという解釈になってしまい、どうもすっきりしない。

というより、本質からずれているように感じられる。

そこで「食」とは「命を支えるもの」であるから、「食う」、「食われる」の関係ではなく「**生かす**」、「**生かされる**」の関係で考えてみたのである。

すると、まず草（＝植物）が動物を生かし、草と動物が人間を生かし、草、動物、人間の全てが神を生かすという図式になって、このほうがよほどスッキリした関係になる（「生かす」とは、立場を変えれば「生かされる」という関係性になる）。

ただ一般には神が「全てを生かす」というのが共通認識であるから、その神が他によって「生かされる」というのは不自然だと思われる読者がいるかもしれない。

しかし逆もまた真なりで、地上界では、人間、動物、植物の全てがなければ神の存在意義もないから、表で「生かす」とすれば、裏では「生かされている」と言っても何もおかしくない。

「生かす」神が「生かされる」と言うのだから、これも神示の逆説である。

そこで「**九十《こと》は元に一二三食**」という謎に直面するが、実は右の「生かす」、「生かされる」関係には一つだけ抜けているものがある。

それは「土」であり、「土」が「草（＝植物）」を生かしているということが抜けているのである。

つまり「土」は一番下にあることによって、草、動物、人間、そして神の全てを生かしているということになる。

よって「土」は、最も重要な「基《もとい》」だと言える。

その土のことを、第十二帖で「**御土は◉の肉体ぞ**」と示されていたことを思い出していただきたい。すると「土＝神」となるから、何のことはない、結局は神が全てを生かしていたということに行き着くではないか。

これを「**九十《こと》は元に一二三食**」と示しているが、つまるところ全ては「生かし、生かされる」という関係で循環し、その基《もとい》は「土という神」だと述べているのではないか。

このように考えられる。

従ってここで言う「**九十《こと》**」とは広い意味で「**神のマコト**」を示し、狭い意味ではそれがカタチになった「**御土《おつち》**」のことと解すればよいだろう。

また、「一二三、三四五、五六七、七八九、九十」という数列があって、それぞれの最後が次の数列の最初と重なっているのは、右で述べたとおり「全ては切り離すことができず、生かし生かされ循環する」ことの暗示だと考えることができる。

人間については「**人、三四五食に病ないぞ**」とあり、人間は「三四五食」をしていれば最も健康によく病気もないと示されている。

しかし残念ながら、本帖にはこれ以上具体的なことが示されていない。

「人間の食」については、神示全巻の中から関連するピースを集めて総覧《そうらん》・吟味しなければならないので、これについて詳しくお知りになりたい方は、拙著『奥義編』第三巻 日月神示と食を参照していただきたい。

## 第十七帖（九七）

九十《こと》が大切ぞと知らしてあろがな、戦ばかりでないぞ、何もかも臣民では見当とれんことになりて来るから、上《うえ》の臣民九十に気つけてくれよ、お上《かみ》に⦿祀りてくれよ、⦿にまつろうてくれよ、⦿くどう申しておくぞ、早う祀らねば間に合わんのざぞ、⦿の国の山々にはみな⦿祀れ、川々にみな⦿祀れ、野にも祀れ、臣民の家々にも落つる隈《くま》なく神祀れ、まつりまつりてミロクの世となるのぞ。臣民の身も神の宮となりて神まつれ、祀りの仕方知らしてあろう、⦿は急《せ》けるぞ。

（昭和十九年八月二十五日、⦿のひつ九⦿）


【解説】

本帖には、「九十《こと》が大切ぞと知らしてあろがな」と、「上《うえ》の臣民九十に気つけてくれよ」と、二回も「**九十**」という表現が出てくるがこれは一体どういう意味であろうか。

直前の第十六帖の「**九十**」は、「神のマコト」また狭義には「御土《おつち》」と解釈したが、ここでも「マコト」という解釈を当てれば意味的には一応通るようである。

「マコトが大切」とか「上の臣民マコトを出すように気つけてくれよ」となるからである。

よってこの解釈を否定するものではないが、それだけでは極めて漠然としすぎて何か物足りなさを感じる。ここには隠された密意《みつい》があるのではないだろうか。

私はここで言う「九十」とは、第一巻「上つ巻」第六帖に出てきた「九十」と同じ意味ではないかと考えている。

第一巻第六帖の「九十」には意味が二つあって、一つは「九〜十月」という「時期」を示し、もう一つは「米軍機による大空襲」という「出来事」を示しているのではないかと解釈した。

本帖の「九十」もこれと同じ意味だと考えて全体を読んでみれば、「九〜十月になれば大空襲が現実味を帯びてくるから、上の臣民は気をつけよ」となり、「マコト」という意味を当てるよりも遙かに当時の状況に適合するように思われる。

ただし「九十（＝出来事）」を「大空襲」と解釈した場合、「**戦ばかりでないぞ**」という部分と一見矛盾が生ずるように思える。

というのも、「大空襲」も当然「戦」に含まれると解釈できるからである。

しかしここで言う「戦」を、「軍隊同士の戦い」と解釈すればこの矛盾は解消される。

つまり、これまでは「軍隊同士の戦い」ばかりだったが、今度は女・子供・老人などの非戦闘員までが攻撃対象にされる無差別の「大空襲」が起こるという意味に取れるからである

実際に米軍機による本土大空襲は、昭和十九年秋から終戦まで続き、全国の主要都市がほとんど灰燼《かいじん》に帰した。死傷者は七十万人以上と言われる。

大空襲の止《とど》めが二発の「原爆」であったから、まさに「**何もかも臣民では見当とれんことになりて来る**」と示されていることと一致する。

以上が「九十」に関する私の解釈であるが、「九十」自体が極めて抽象的なのでこれが正しいという確証があるわけではない。

解釈の一例として捉えておいていただきたい。

残りの部分は、全て「**☉祀り**」について述べたものである。

「**☉祀り**」については、第一巻「上つ巻」第四帖で、「**神祀らねば何も出来ぬぞ……☉をダシにして、今の上の人がいるから、☉の力が出ないのぞ**」と重要な指摘がなされているが、ここでも「**お上《かみ》に☉祀りてくれよ**」と示され、早く「**本来の☉祀り（＝☉をダシにしない本物の祀り）**」に戻れと促している。

ここで「**お上《かみ》に☉を祀る**」とは、神国日本の霊的中心として「てんし様（＝スメラミコト、真正天皇）」を奉戴《ほうたい》することだと考えなければならない。

明治以降の天皇は、時の政府の重臣（主に薩長《さっちょう》出身の元老）らの思惑で設《しつら》えられた「力の天皇」であって、天皇本来の「祭祀王《さいしおう》」ではない。
**「⦿をダシにして、今の上の人がいる」**とはまさしくこのことであり、神国日本の復活のためには真っ先に正《ただ》されなければならないものであった。

神示はまた、日本中の「**山、川、野、家**」全てに神を祀れと示しているが、これを単純に「お宮」や「社《やしろ》」を建てることだと解釈すると、本筋を見失うから注意していただきたい。

要所要所にお宮を建立《こんりゅう》するのはこの地上界では必要なことであるが、最も肝腎なのは神国日本の国土は国祖・国常立大神《くにとこたちおおかみ》の御身体《おからだ》なのであるから、国土《くにつち》全てに神を観《かん》じ、調和のうちに感謝することと、**「臣民の身も神の宮となりて神をまつる」**ことなのである。

「臣民の身も神の宮」とは、「神人一体」と同義である。

それができて初めて、**「まつりまつりてミロクの世となる」**のである。

なお最後の**「祀りの仕方知らせてあろう」**とは、第二巻「下つ巻」第二十七帖に示された「祀り方」を指していると思われる。

それ以外には、ここまで具体的に祀り方を指示した帖はない。

## 第十八帖（九八）

神々様みなお揃《そろ》いなされて、雨の神、風の神、地震の神、岩の神、荒《あれ》の神、五柱七柱《いつはしらななはしら》、八《はち》柱、十《と》柱の神々様がチャンとお心合わしなされて、今度の仕組の御《おん》役決まりてそれぞれに働きなされることになりたよき日ぞ。辛酉《かのととり》はよき日と知らしてあろがな。

これから一日一日烈《はげ》しくなるぞ、臣民心得ておいてくれよ。物持たぬ人、物持てる人より強くなるぞ、泥棒が多くなれば泥棒が正しいということになるぞ、理屈は悪魔と知らしてあろが、保《うけ》持《もち》の神様ひどくお怒りぞ、臣民の食い物、足りるように作らしてあるに、足らぬと申しているが、足らぬことないぞ、足らぬのはやり方悪いのざぞ、食いて生くべきもので人殺すとは何事ぞ。それぞれの神様にまつわれば、それぞれのこと、何でもかなうのぞ、㋹にまつわらずに、臣民の学や知恵が何になるのか、底知れているでないか。

戦《いくさ》には戦の神あるぞ、お水に泣くことあるぞ、保持の㋹様御怒りなされているから、早う心入れ替えてよ、この㋹様お怒りになれば、臣民日干《ひぼ》しになるぞ。

（昭和十九年八月の辛酉の日、ひつくのか三さとすぞ）

【解説】

本帖は複数のテーマが含まれている。

まず最初の段落であるが、ここには「**十柱の神々様**」が揃って今度の仕組の御役が決まったよき日だと述べており、その日は「**辛酉《かのととり》の日**」だと明かしている。

ここで言う「辛酉の日」とは昭和十九年八月二十五日のことであり、『日月神示が語る今この時』によればこの日、天明の奥山に十柱《とはしら》の神々が（霊的に）参集したことを指すとされる。

具体的には、昭和十九年八月二十五日は旧暦の「七夕」であり、大本教団では毎年「七夕祭（神集祭）」を行っていたが、昭和十年勃発した「第二次大本事件」で大本が壊滅的打撃を受けて以来中断していた。

本帖の「十柱の神々様」参集とは、大本における「七夕祭」の霊的な再現を意味し、ここにそれぞれの神の「今度の仕組の御役」が決まったことになるのである。

ここにも、大本と日月神示の密接な関係性が見られる。

「十柱の神々」とは、「**雨の神、風の神、地震の神、岩の神、荒《あれ》の神**」の五柱を始めとする合計十柱の神々のことで、国祖様・国常立大神と共に「岩戸開き」の実行に任ずる神々である。

その関係は国常立大神が岩戸開きの「総大将、総指揮官」であり、十柱の神々はその眷属《けんぞく》であり「部下神将」という位置づけになると思われる。

ここで重要なことは「岩戸開きに任ずる十柱の神々が揃い、その役割が決まった」という点であって、それ故に「**辛酉《かのととり》はよき日**」と述べていることである。

といってもこれはまだ神界（または幽界）の話である。
十柱の神々が地上界に降臨するのは四カ月後の昭和十九年十二月二十三日（辛酉の日）である。
この日、岡本天明たちは神命により「奥山」に十柱の神々を祀っている。

残りの部分は、「大峠」に向かうプロセスにおける臣民の状況を述べたものであろう。

「**物持たぬ人、物持てる人より強くなるぞ**」とは、物質的に恵まれていない貧乏な人のほうが「身魂磨き、メグリ取り」の進展・深化が早いという一般論であろうと思われる。

ものが少ない分だけ心が軽く、執着心も少ないと考えられるからだ。

次の「**泥棒が多くなれば泥棒が正しいということになるぞ**」とあるのは、「赤信号、皆で渡れば怖くない」と同じように「多数行動、多数支配」の弊害を説いているのであろう。

これは大きく見れば、臣民の多数決で物事が決まる「民主主義」を批判していることでもある。

仮に臣民のほとんどが泥棒であれば、泥棒の多数決で決まったことが「正しい」とされてしまうが、これこそ「**理屈は悪魔と知らしてあるが**」の典型である。

民主主義とは、要するに「多数＝正義」という図式であるが、多数を占める者が「我《わ》れ善《よ》し、体主霊従」であればそれは完全な本末転倒になる。いわゆる上下逆様に成り下がってしまう。

残念ながら今の世の中はそうなっているが、ほとんどの人はそれに気がついていない。

あとの残りの部分は「**保持《うけもち》の神様の怒り**」がテーマになっている。

保持の神様とは「食べ物を掌《つかさど》る神様」のことであるが、その神様がひどく怒っている原因は、「**臣民の食い物、足りるように作らしてあるに、足らぬと申している**」からだと述べている。

確かに岡本天明の時代は大東亜戦争の真《ま》っ最中《さいちゅう》であったから、米や小麦粉、味噌、醤油、砂糖やマッチなどまでが、戦時統制経済による「配給制」であり、食糧や生活必需品が著しく不足していたのは事実である。

しかし保持の神は「**足らぬのはやり方悪いのざぞ**」と指摘した上で、「**食いて生くべきもので人殺すとは何事ぞ**」と怒っているから、これは戦争を遂行するために政府が食糧を厳しく統制・管理し、軍隊に優先して配給していたことを指摘していると思われる。

このように「**保持の神様の怒り**」は、天明たちの時代の食糧事情に重なることは事実である。またこれを預言と見るなら、将来の「世界的な食糧不足」とそれによって引き起こされる戦争の勃発を預言したものと考えることもできる。

今でも世界中の富は一握りの権力者や大企業、或いは大金持ちが独占し、底辺には多くの貧困者がいる構造になっているが、食糧もこれと同じ支配構造の中に組み込まれている。

要は食糧も「金儲けの道具」にされているわけである。

食糧はあるところには腐るほどあって、特に先進諸国では人々が好きなだけ食べてぶくぶく太っているが、その一方でないところには何もない。あまりにも偏在しているのだ。

栄養失調であばら骨が透けて見えるほどガリガリに痩せた子供たちが、世界中の貧しい国々にゴロゴロいる現実は否定しようもない。

今後、人口は発展途上国を中心にますます増加するのは明らかだが、反面異常気象による食糧生産量の減少や価格高騰、開発による耕作面積の減少など、食糧事情は人口増加に反比例して悪くなっている。

これに戦争や災害などが加わればたまったものではない。

今日本に住んでいる人々には、そんなことはとても考えられないかもしれないが、第十四巻「風の巻」第十一帖には、「**日本の国に食べ物無くなってしまうぞ。世界中に食べ物無くなってしまうぞ**」と明記され、いずれ世界中の食糧が欠乏すると日月神示の神が預言しているのだ。

よって世界中の臣民が心を入れ替えることがなければ、結局のところ「**食いて生くべきもので人殺す**」、つまり食糧を奪い合うための殺し合い、戦争が勃発すると考えられるのである。

その結果は「**お水に泣き**」、最後は「**臣民日干《ひぼ》しになる**」と示されている。

「日干し」を「日に当てて乾かす」ことなどと呑気《のんき》に考えてはならない。これは食うものもなく水もなく干《ひ》からびていく一方のことで、その先に待っているのは、使いたくない言葉であるが、そう、「**餓死《がし》**」である。

神示を仔細に見ていくと、「そこまでの事態を覚悟せよ」と突きつけられているように思われて仕方がないのである（「食」に関する全体的な解説は、『奥義編』第三章　日月神示と食を参照されたい）。

## 第十九帖（九九）

神世のひみつと知らしてあるが、いよいよとなりたら地震、雷ばかりでないぞ、臣民アフンとして、これは何としたことぞと、口あいたままどうすることも出来んことになるのぞ、四《よ》ツン這《ば》いになりて着る物もなく、獣となりて這い回る人と、空飛ぶような人と、二つにハッキリ分かりて来るぞ。

獣は獣の性来《しょうらい》いよいよ出すのぞ、火と水の災難がどんなに恐ろしいか、今度は大なり小なり知らさなならんことになりたぞ。一時は天も地も一つにまぜまぜにするのざから、人一人も生きてはおられんのざぞ、それが済んでから、身魂磨けた臣民ばかり、⦿が拾い上げてミロクの世の臣民とするのぞ、どこへ逃げても逃げ所ないと申してあろがな、高い所から水流れるように時に従いておれよ、いざという時には神が知らして、一時は天界へ釣り上げる臣民もあるのざぞ。人間の戦や獣の喧嘩くらいでは何も出来んぞ。くどう気つけておくぞ、何よりも改心が第一ぞ。

（昭和十九年八月の二十六日、⦿のひつくのか三）

【解説】

本帖は一読して「大峠」の様相を述べたものであることがわかる。

その内容からして様々な想像をかきたてる帖でもあって、一九九九年七の月の「ノストラダムスの大予言」や、二〇一二年十二月二十一日の「マヤ長期暦の終わり」など、人類滅亡を説くトンデモ説の中に日月神示も取り込まれて、玉石混交《ぎょくせきこんこう》、ごちゃ混ぜにされたのはついこの間の話であった。

本帖のポイントは、「大峠」のときに「臣民がどうなるか」という視点で見ることであるが、その中で最も重要な点は、「**獣となりて這い回る人と、空飛ぶような人と、二つにハッキリ分かりて来るぞ**」と示されていることである。

この意味は臣民が完全に二極・二分化されるということであり、その中間はないということに注意していただきたい。

「**空飛ぶような人**」とは「身魂磨きが進んだ人」であり、「**獣**」とはその反対だということは説明の要がないだろうが、では読者は「身魂が磨けたかどうか」の判定はどのようにしてなされるとお思いだろうか？

その答えは「**身魂磨けた臣民ばかり、⦿が拾い上げてミロクの世の臣民とするのぞ**」にある。

即ち、神が拾い上げて「ミロクの世の臣民」にするのは、「身魂磨けた臣民ばかり」だとあるから、判定者は「神」ご自身だということになるのである。

当然そうでなければならない。

よって「身魂磨き」の成果を自己評価することはできないし、やってはならず、やったとしても無駄である。「身魂が磨けた」などと自己満足するような人は、その時点でアウトになるのは明々白々である。

日月神示はここまではっきりと示しているのだ。

それをどう捉えるかは「あなた次第」である。


以上が最重要ポイントであり、残りの多くは「大峠」の様相を述べたものである。

「**口あいたままどうすることも出来ん**」、「**四《よ》ツン這《ば》いになりて着る物もなくなる**」、「**火と水の災難**」、「**一時は天も地も一つにまぜまぜにする**」、「**どこへ逃げても逃げ所ない**」などなど、これらからは何かとんでもない大異変が襲ってくるように感じられる。

おそらく地球規模で起こる超天変地異であろうが、本帖だけではその正体が何であるかを判断する材料は不足している。

第十五帖に出てきた「**天にお日様一つでないぞ……**」なども「大峠」のピースの一つであるが、「大峠」の全体像を明らかにし、論理的に一貫した仮説を立てるには、神示全体に散らばっている関連するピースをできるだけ多く集めて総覧《そうらん》・吟《ぎん》味《み》しなければならない。

といっても本書はテーマ別の解説書ではないため、これについて興味のある方は（何度も述べているが）拙著『ときあかし版』大峠の章を参照していただきたい。

さて、「大峠」から「ミロクの世」に移行する最終段階で何が起こるのかと言えば、「**一時は天も地も一つにまぜまぜにするのざから、人一人も生きてはおられんのざぞ**」と、神示が告げているとおりである。

わかりやすく言えば、全人類が一旦「**死に絶える**」ことであり、これまでの世を終わらせ、それから神が「身魂の磨けた臣民」のみを拾い上げて「ミロクの世」に復活させるということなのである。

それにしても全人類が「死に絶える」などという、残酷にも思える事態が生起しなければならない理由は何であろうか？

その答えは、来《きた》るべき「ミロクの世」が「**半霊半物質の世界**」だからであろう（五十黙示録第七巻「五葉《ごよう》之巻」第十六帖）。

今の肉体のまま行ける世界ではないのだから、そのプロセスのどこかで**必ず肉体を脱がなければならない**のである。

要するに次元が上がって「ミロクの世」に至るわけだが、スピリチュアル系の人が好んで使う「アセンション」とか「次元上昇」という言葉の真意を正確に述べているのは日月神示だけなのである。

大事なことなので繰り返すと、今の肉体のままでは「ミロクの世」に行くことは不可能である。

そのため必ず一度は死ななければならない仕組（＝肉体死）なのである。

死んでから神が拾い集めて、新たな「半霊半物質の身体」を与えて復活させ、「ミロクの世」の住人にするかどうか、それは「あなた」の「身魂磨き」の深化・進展にかかっている。

「大峠」の意義とは、まさに全人類の「肉体死」と「復活させるべき魂」の選別にある。


なお「**いざという時には神が知らして、一時は天界へ釣り上げる臣民もあるのざぞ**」とは、非常にSF的なイメージを連想させるもので、中には友好的な宇宙人が巨大なUFOで地球にやってきて、選ばれた者だけをUFOに収容して救助するなどというトンデモ説を唱える人もいるようだ。

読者はこのような説に惑わされることがないようにしていただきたい。

私はこのことの真意とは、特別な使命を持つ「因縁の身魂」に対する神の配慮だと考えている。

おそらく、神の御用に任ずるため、最後まで地上にとどまって役目を果たす「因縁の身魂」に対する緊急避難的な措置《そち》ではないだろうか？

それが「**一時は天界へ釣り上げる**」という意味であろう。

では「特別な使命」とは何か？　という話になるが、残念ながらそこまではわからない。

## 第二十帖（一〇〇）

今のうちに草木の根や葉を日に干して貯えておけよ、保持の⦿様御怒りざから、今年は五分くらいしか食べ物とれんから、そのつもりで用意しておいてくれよ。神は気《け》もない時から知らしておくから、この神示よく読んでおれよ。ひと握りの米に泣くことあると知らしてあろがな、米ばかりでないぞ、何もかも、臣民もなくなるところまで行かねばならんのぞ、臣民ばかりでないぞ、⦿⦿《かみがみ》様さえ今度は無くなる方あるぞ。臣民というものは目の先ばかりより見えんから、呑気《のんき》なものであるが、いざとなりての改心は間に合わんから、くどう気つけてあるのぞ。日本ばかりでないぞ、世界中はおろか三千世界の大洗濯と申してあろうがな、⦿にすがりて⦿の申す通りにするよりほかには道ないぞ、それで⦿⦿《かみがみ》様を祀りて、上の御方からも下々からも、朝に夕に言霊《ことたま》がこの国に満つようになりたら神の力現わすのぞ。江戸にまず⦿まつれと、くどう申してあることよくわかるであろがな。

（昭和十九年八月二十七日、⦿のひつ九のか三）

**【解説】**

まず冒頭の「**今のうちに草木の根や葉を日に干して貯えておけよ、保持の⦿様御怒りざから、今年は五分くらいしか食べ物とれんから、そのつもりで用意しておいてくれよ**」とあるが、「今のうち」とか「今年は」という表現がある以上、これは明らかに岡本天明たちに宛てた神示である。ただでさえ戦時中の統制経済で困窮していたところへ、食糧（＝穀物？）までが不作で五分くらい（＝半分）しかとれないから、「**草木の根や葉を日に干して貯えておけ**」という指示である。

そして残りは、「**神は気《け》もない時から知らしておくから、この神示よく読んでおれよ**」とあるように、臣民が全く気がつかないときから「大峠」について知らせておくと述べているのである。

日月神示はこのように同じ帖の中で、天明たちに指示を与えているかと思えば、今度は突然「大峠」に話が移るなど非常に「とんでいる」ことが多いので、よくよく注意して読まなければならない。

その「大峠」についても、まずは「**ひと握りの米に泣くことある**」と食糧不足が来ることを示唆《しさ》している。

そして圧巻は、「**何もかも、臣民もなくなるところまで行かねばならんのぞ、臣民ばかりでないぞ、⦿⦿《かみがみ》様さえ今度は無くなる方あるぞ**」という部分である。

「何もかも、臣民もなくなる」とは、今の文明が破滅し全人類が一旦死に絶えるということだから、これは直前の第十九帖でも「**人一人も生きてはおられんのざぞ**」と全く同じことを述べているのだが、更に本帖では、これに加えて「**⦿⦿《かみがみ》様さえ今度は無くなる方あるぞ**」とまで示されている。

「神々様さえ無くなる」とはちょっと信じられない気もするが、臣民の中にも「なくなる（＝ミロクの世に入れない)」者がいることから連想して、悪神の側《がわ》に回った神々や守護神の中には「改心」できずに落ちていく者があるということなのであろう。

これを裏づけるのが「**日本ばかりでないぞ、世界中はおろか三千世界の大洗濯と申してあろうがな**」であり、やはり大洗濯されるのは地上界の臣民ばかりではない。

こういうことから、結局はここでも、「**いざとなりての改心は間に合わんから、くどう気つけてあるのぞ**」と、「改心(=身魂磨き)」の重要性をくどう申されているのである。

「**上の御方からも下々からも、朝に夕に言霊《ことたま》がこの国に満つようになりたら神の力現わすのぞ**」とあるのは、神力発動の要件が「**言霊《ことたま》**」であるようにも思われるが、読者は「**言霊《ことたま》がこの国に満つ**」ということをどのように捉えるだろうか?

古神道では「言葉(=日本語)」そのものに神の力が宿っていてこれを「**言霊**」と呼び、それを唱えることによって神秘的な力が発動するという思想がある。

ここから連想して、日月神示が述べる「**一厘の仕組**」とは「言霊神法《げんれいしんぽう》」のことであり、「因縁の身魂」たちが神定《しんてい》の言葉を唱えれば「言霊」の力が働いて世がグレンと変わり、「ミロクの世」に移行すると信じている人々もいるようである。

これが「**言霊《ことたま》がこの国に満つ**」ことなのだろうか?

私にはとてもそうとは思えない。

何度も述べているように、それだけで神力が発動し目的が達成できるなら、神がこれほどまで「改心」だの「身魂磨き」、「メグリ取り」や「掃除」、「洗濯」などと仰《おっしゃ》るわけがないではないか。そんなことをするよりはむしろ、言霊を発する「因縁の身魂」たちだけを集めて「言霊神法」の特訓でもすれば済む話である。

よって「言霊が満つ」の真意は別にある。

私はこれを「**身魂磨きが進んだ神人が発する善言美詞《ぜんげんびし》**」のことだと考えている。

「善言美詞」とは読んで字の如く「善い言葉、美しい詞《ことば》」のことだが、それは意図的にわざとらしく発するものではなく、「改心」ができた臣民が自然に発する言葉がそのまま「善言美詞」になるという意味である。

その根底には、世の元の大神様に通じる「ヽ（＝キ、歓喜、マコト）」がある。

このような「言霊（＝善言美詞）」が、日本の上からも下からも自然に出るようになれば、「神力」が発動するのは当たり前であろう。

何故ならば、神力発動の絶対条件が「神人一体」になることであり、そのためには臣民の「身魂」が磨けていなければならないからである。

最後の「**江戸にまず⦿まつれ**」とは、既に述べた「**江戸の仕組（＝奥山、中山、一の宮の開き）**」は勿論であるが、東京（＝江戸）にあった「**奥山**」にはまだまだ祀るべき神々がたくさん存在していることを示唆している。

それらの「神々の祀り」は、神示が先に進むに従って具体的に示されるが、わかりやすいように先取りして列挙しておこう。


**【江戸の「奥山」に祀られた神々】**

①昭和十九年八月八日　奥山大神（＝天之日津久神《あめのひつくのかみ》）
②昭和十九年九月二十八（？）日　大国主命《おおくにぬしのみこと》（幽界主宰神、祖霊社守護神）
③昭和十九年十二月八日　天照大神《あまてらすおおかみ》、月読尊《つきよみのみこと》、素盞嗚尊《すさなるのみこと》
④昭和十九年十二月二十三日（辛酉の日）　十柱の大神
⑤昭和二十年四月二十八（？）日　守護神
⑥昭和二十年六月二十八（？）日　祖霊社
⑦昭和二十年八月八日　天津日嗣皇尊《あまつひつぎすめらみこと》、豊受大神《とようけおおかみ》、国常立大神、豊雲野尊《とよくもぬのみこと》

右が「奥山」に祀られた神々であるが、これが「一二三《ひふみ》の仕組（既述）」の根幹をなすものである。最重要神の「てんし様」とは⑦の「天津日嗣皇尊《あまつひつぎすめらみこと》」を指している。

なお、これ以外も「**鳴門《なると》の仕組**」、「**甲斐《かい》の仕組**」、「**オワリの仕組**」などが、神命を受けて次々に遂行されていくことを心に刻んでおいていただきたい。

岡本天明と彼の同志たちが必死の思いで奉仕した神業の実態を知らずに、日月神示を語ることもましてや解読することもできないのである。

## 第二十一帖（一〇一）

⦿の申すこと何でも素直に聞くようになれば、⦿は何でも知らしてやるぞ。配給のことでも統制のことも、わけなく出来るのぞ、臣民みな喜ぶように出来るのぞ、何もかも⦿に供えてからと申してあろがな、山にも川にも野にも里にも家にも、それぞれに⦿祀れと申してあろがな、ここの道理よくわからんか。⦿は知らしてやりたいなれど、今では猫に小判ぞ、臣民⦿にすがれば、⦿にまつわれば、その日からよくなると申してあろが、何も難しいことでないぞ、⦿は無理言わんぞ、この神示読めばわかるようにしてあるのざから、役員早う知らして、縁ある臣民から知らしてくれよ。

　印刷出来んと申せば何もしないでおるが、印刷せんでも知らすこと出来るぞ、よく考えて見よ、今の臣民、学に囚《とら》えられていると、まだまだ苦しいこと出来るぞ、理屈ではますますわからんようになるぞ、早う神まつれよ、上も下も、上下揃ってまつりてくれよ、てんし様を拝めよ、てんし様にまつわれよ、その心が大和魂ぞ、益人《ますひと》の益心《ますこころ》ぞ、ますとは弥栄《いやさか》のことぞ、神の御心ぞ、臣民の御心も⦿の御心と同じことになって来るぞ、世界中一度に唸《うな》る時が近づいて来たぞよ。

（昭和十九年八月の二十八日、⦿のひつ九のか三、ふで）

【解説】

本帖は全体として、「**⦿祀り**」、「**⦿、てんし様にまつわる**」ことの重要性が説かれている。

ここまでの解説で「ミロクの世」へ至る要諦《ようてい》は「身魂磨き」と「神祀り」の二つであると強調してきたが、その中の「神祀り」について述べたものである。

といっても、この二つは別々のものではないので注意していただきたい。

「身魂」が磨かれてくれれば、自分が神によって生かされている自覚が芽生えてくるから、自然に神に感謝し、拝《おろが》み、まつろうようになるし、逆にこのことが、「身魂磨き」を助長するのである。

「身魂磨き」とは「内なる磨き（ゝ）」であり、「神祀り」とは「外なる祀り（〇）」と捉えればわかりやすいかもしれないが、究極のところはこれが「一体（⦿）」になることなのである。

これが「神人一体」、「神人交流」であり、古来の呼び方では「惟神《かんながら》の道《みち》」である。

また「**⦿にまつわれば、その日からよくなる**」とあるが、これを単純に理解して、形式的であろうが何であろうがとにかく神を拝みまつわりさえすれば、すぐにでもご利益《りやく》があるということではないから注意されたい。

これは「身魂が磨ければ磨けただけよくなる（＝神が憑《か》かる）」ことだと理解すべきである。

ところが肝心の臣民はどうかと言えば、「**学に囚《とら》えられて**」いて「**今では猫に小判**」だと言うから情けない限りである。

残りの部分を個別に見ていくと、まず「**配給**」、「**統制**」とあるのは、大東亜戦争当時の「統制経済」であり、これに基づく「配給制度」のことであろう。

「**印刷出来んと申せば何もしないでおる**」とは、第二巻「下つ巻」第五帖で、「**この神示印刷してはならんぞ**」と示されたことを引き合いに出し、役員が神示を積極的に広めようとしないことに注意を促していると思われる。

「**大和魂**」、「**益心**《ますこころ》」とは広くは「**神の御心**」のことであるが、ここでは「**てんし様の臣民**」という意味で使われている点が重要である。

特に「大和魂」という言葉は現在でもよく使われるが、元の意味は「てんし様」に繋《つな》がる「臣民の心」を指していることがわかる。

最後の「**世界中一度に唸《うな》る時が近づいて来たぞよ**」とあるのは、これは間違いなく「大峠」の様相を指している。ここでも唐突に出てくるので、少々面食らってしまうところではある。

「**唸《うな》る**」が具体的に何を表すのかはここでは不明であるが、「**世界中一度に**」と示されているから、やはり地球規模の大異変、超天変地異を暗示していると考えるべきである。

また「**近づいて来た**」というのは「神界」の出来事なのか、それとも「地上界」のことかは明示されていない。
ただこの巻の第三帖で「**神界ではその戦の最中ぞ**」、「**神界の都には悪が攻めて来ているのざぞ**」とあって、これは間違いなく神界の出来事を意味していたが、「大峠」のプロセスが「戦争→天変地異」という順序になることを考えれば、ここはやはり「神界」の出来事と考えてよいであろう。

## 第二十二帖（一〇二）

まつりまつりと、くどう申して知らしてあるが、まつり合わしさえすれば、何もかも、嬉し嬉しと栄える仕組ぞ、悪も善もないのぞ、まつれば悪も善ぞ、まつらねば善もないのぞ、この道理わかりたか、まつりと申して⦿ばかり拝んでいるようでは何もわからんぞ。そんな我れ善《よ》しでは⦿の臣民とは申せんぞ、早うまつりてくれと申すこと、よく聞き分けてくれよ。
我《われ》が我がと思うているのはまつりていぬ証拠ぞ、鼻高となればポキンと折れると申してある道理よくわかろうがな、この御道は鼻高と取り違いが一番邪魔になるのぞ、と申すのは、慢心と取りちがいはまつりの邪魔になるからぞ。ここまで分けて申さばよくわかるであろう、何事もまつりが第一ぞ。

（昭和十九年八月の二十九日、⦿の一二⦿）

**【解説】**

ここでの主テーマは「**まつり**」であるが、本帖をより深く理解するには、文中「まつり、まつる」とある箇所を、「身魂磨き、身魂を磨く」に置き換えて読んでみることである。

読者は面倒がらずに試してみていただきたい。

如何《いかが》であろうか？　全く意味が変わらないことにお気づきになられたのではないだろうか。

私は第二十一帖の解説で、「身魂磨き」と「神祀り」は究極のところ「一体」であると述べたが、その証明が本帖なのである。

即ち「**身魂磨き**」＝「**神祀り**」と言い得る。内から見るか、外から見るかの違いがあるだけである。

ここは大事なポイントであるから、しっかりとご理解いただきたい。

また本帖で出てきた重要なテーマに「**善**」と「**悪**」がある。

善と悪の仕組は、日月神示の神仕組全体の核心をなす最重要事項であるが、ここでは「**悪も善もない**」、「**まつれば悪も善**」、「**まつらねば善もない**」と示されているから、「善と悪という独立した存在は本来ない（＝あるように見える）」という点をしっかり押さえておいていただきたい。

それともう一つは、「善と悪の仕組と、神祀り・身魂磨きは切り離せない」ということも心にとどめていただきたい（「善」と「悪」についてはテーマが大きすぎて、とても一つの帖の解説で収まるものではない。まとまった解説は拙著『ときあかし版』ミロクの章をご覧いただきたい）。

そして更にもう一つ、「**鼻高（＝慢心）**」と「**取り違い**」が「**まつり（＝身魂磨き）の邪魔になる**」と指摘されている点は、我々臣民にとって肝に銘ずべきことである。

「日月神示」が教える神理を単に頭で知っただけでは、十中八九、慢心し取り違いに陥《おちい》ることになるから、よくよく注意していただきたい。

これは信仰・信心の初期に、誰彼なく無自覚に陥ってしまう「**我《が》の罠《わな》**」なのである。

本当に神示を知るというのは、そのとおりに生きること、実践することであって、傍《はた》から見ればその人は「我」の呪縛《じゅばく》から離れて、どんどん「謙虚」になっていく様が見て取れるはずである。

即ちこれが「（神示が）**肚《はら》に入る**」という意味である。

## 第二十三帖（一〇三）

世界は一つになったぞ、一つになって⦿の国に攻め寄せて来ると申してあることが出て来たぞ。人民にはまだわかるまいなれど、今にわかりて来るぞ、くどう気つけておいたことのいよいよが来たぞ、覚悟はよいか、臣民一人一人の心も同じになりておろがな。学と⦿の力との大戦《おおたたかい》ぞ、⦿国の⦿の力あらわす時が近うなりたぞ。今あらわすと、助かる臣民ほとんどないから、⦿は待てるだけ待ちているのぞ、臣民もかわいいが、元を潰すことならんから、いよいよとなりたらどんなことありても、ここまで知らしてあるのざから、☉に手落ちあるまいがな。いよいよとなれば、わかっていることなれば、なぜ知らし（さ）ぬのぞと申すが、今では何馬鹿なと申して取り上げぬことよくわかっているぞ。因縁の身魂にはよくわかるぞ、この神示読めば身魂の因縁よくわかるぞ、☉の御用する身魂は☉が選りぬいて引っ張りておるぞ、遅し早しはあるなれど、いずれはどうしても、逃げてもイヤでも御用さすようになりておるのぞ。
北に気をつけよ、東も西も南もどうするつもりか、☉だけの力では臣民に気の毒出来るのぞ、☉と人との和のはたらきこそ☉喜ぶのぞ、早う身魂磨けと申すことも、悪い心洗濯せよと申すこともわかるであろう。

（昭和十九年八月の三十日、☉の一二か三）

**【解説】**

まず冒頭に「**世界は一つになったぞ、一つになって☉の国に攻め寄せて来ると申してあることが出て来たぞ**」とあるが、これは「大東亜戦争」のことではない。
何故《なぜ》ならばそのすぐ後に「**人民にはまだわかるまいなれど、今にわかりて来るぞ**」とあるからであって、これは間違いなく将来の戦争、即ち「大峠」のときの最終戦争を意味する。
本巻第三帖で、「**神界ではその戦の最中ぞ**」、「**神界の都《みやこ》には悪が攻めてきているのざぞ**」と示され、神界では「大峠」の戦が進行中である旨《むね》が述べられているから、本帖はその続きと見ることができる。

即ち神界での戦がクライマックスを迎え、遂に「**世界が一つになって⦿の国に攻め寄せて来た**」と解されるのである。

繰り返すが、これはまだ「神界」の出来事であるからいずれ「幽界」を経て「地上界」に移写《いしゃ》するのは間違いないが、そこには物理的にある程度の時間がかかるのは当然である。

それがどれほどの時間なのか人間には知る由《よし》もないが、神示を読めば、「大峠」が地上界に「移写するまでの時間」を神が最大限延ばしているように思われる。

というのも「**(⦿の力を)今あらわすと、助かる臣民ほとんどないから、⦿は待てるだけ待ちているのぞ**」と示されているからであって、要するに臣民の「身魂磨き(=改心、メグリ取り)」が思うように進んでいないため、神が「大峠」到来を可能な限り先延ばしにしていると解釈されるのである。

よって延びている責任は、我々臣民側にある。

しかしいつまでも待てないことは自明であり、それを神は「**臣民もかわいいが、元を潰すことならんから**」と少し控えめに述べている。

要はタイムリミットになれば、臣民の身魂磨きがどうあろうと(=たとえ神界の計画より遅れていようと)、「大峠」を引き起こして徹底的にこの世を「立替え、立て直す」ということなのである。

このように本帖は、「神界での大峠」が「地上界へ移写する」という前提で読まないと、解釈全体が一貫性を欠くので注意が必要である。

なおこの戦は、「**学と⦿の力との大戦《おおたたかい》ぞ**」と示されているが、「学」とは人間の頭で構築されたものであるから「我れ善し、体主霊従」が根っ子にあり、これと「神の力（＝霊主体従）」とがぶつかるという意味である。

即ちその本質は「善と悪の戦い」と言うことができる。

で、その結果はどうなるかと言えば、「**善も悪も共に抱き参らせて**」新しい世（＝ミロクの世）に至るということになる。

臣民が「大峠」について右のように理解すれば、それなりに肚決《はらぎ》めもできようが、実際は「**今では何馬鹿なと申して取り上げぬことよくわかっているぞ**」とあるとおりで、いつ来るかもわからぬ「大峠」のことを神が神示に降ろしても、多くの臣民は気づこうとしないばかりか、振り向きもしないのが現状である。

ただ、このことを理解できる臣民もわずかではあるが存在するのであって、それが「**この神示読めば身魂の因縁よくわかるぞ**」と示された「因縁の身魂」たちなのである。

当時は、岡本天明と彼の同志たちが「因縁の身魂」であった。

「因縁の身魂」とは、それが世の元からの「役割」として決まっている身魂《みたま》（＝スメラの民、真《まこと》の日本人）であり、今生《こんじょう》生まれてから手を挙げて（希望して）「因縁の身魂」になる者ではない。

これ故に「**遅し早しはあるなれど、いずれはどうしても、逃げてもイヤでも御用さすようになり**

**ておる**」と述べているのだ。

そもそも「因縁の身魂」が、「神の御用などイヤだ」などと言う資格はハナからあるわけがない。

そこに「因縁の身魂」の厳しさがあり、当時の天明たちは皆因縁の糸に引かれて集まり、その役割を果たしていったのである。

要するに、「因縁」という言葉は伊達《だて》に付けられたものではなく、初めからそれだけの宿命を背負っているということなのである

「**北に気をつけよ**」とは、大東亜戦争でも当時の「ソ連」が日ソ中立条約を破って攻めてきたように、「大峠」のときも日本を最終的に追い込むのは北（ロシア？）から来る勢力が主導するようであり、それに気をつけよと注意を与えているのであろう。

そして最後は、いつものように「**早う身魂磨けと申すことも、悪い心洗濯せよと申すこともわかるであろう**」とある。

このことの重要性はもう何も言わなくてもご理解いただけるであろう。

## 第二十四帖（一〇四）

富士を目ざして攻め寄する、大船小船、天《あめ》の船、赤鬼青鬼黒鬼や、大蛇《おろち》、悪狐《あくこ》を先陣に、寄せ

来る敵は空蔽《おお》い、海を埋《うず》めてたちまちに、天日《てんじつ》暗くなりにけり、折しもあれや日の国に、一つの光現われぬ、これこそ救いの大神と、救い求むる人々の、目に映れるは何事ぞ、攻め来る敵の大将の、大き光と呼応して、一度にドッと雨ふらす、火の雨何ぞたまるべき、まことの⦿はなきものか、これはたまらぬともかくも、生命《いのち》あっての物種《ものだね》と、兜を脱がんとするものの、次から次にあらわれぬ、折しもあれや時ならぬ、大風起こり雨来たり、大海原には竜巻や、やがて火の雨地《つち》震《ふる》い、山は火を吹きどよめきて、さしもの敵も悉《ことごと》く、この世の外《ほか》にと失《う》せにけり、風やみ雨も収まりて、山川鎮まり国土《くにつち》の、ところどころに白衣《しろぎぬ》の、⦿の息吹に甦る、御民《みたみ》の顔の白き色、岩戸ひらけぬしみじみと、大空仰ぎ⦿を拝み、地に跪《ひざまず》き御民らの、目にすがすがし富士の山、富士は晴れたり日本晴れ、富士は晴れたり岩戸あけたり。

（昭和十九年八月の三十日、⦿の一二の⦿）

**【解説】**

右は「大峠」のクライマックスの場面であり、それが終わって遂に「ミロクの世」が開かれるまでのプロセスと情景を表している。

「七五調」の歌のスタイルでテンポよく降ろされているが、テンポのよさとは裏腹にその内容は凄まじい。よく読めば背筋が寒くなるだけでなく、否応《いやおう》なく肚《はら》を括《くく》る覚悟を迫られるものだ。

この帖に至るまでの経過を見てみると、まず第三帖で「**神界ではその戦の最中ぞ**」、「**神界の都《みやこ》に**

**は悪が攻めてきているのざぞ**」と示され、次いで第二十三帖では「**世界が一つになって⦿の国に攻め寄せて来た**」と戦が進展し、日本が世界中から攻められていることを述べていた。

本帖はそれらの続きであり、最終段階である。

この前提で読まなければ、一貫した意味が取れないから注意が必要である。

特に重要なことは、これは「神界」での出来事であって、地上界に移写するまでにはまだ相当の時間がかかること、しかも臣民の「身魂磨き」が思うように進展していないため、「神は待てるだけ待っている」という事情があることだ。

ではここで、本帖で述べられている「大峠」のプロセスを簡単にまとめてみよう。

①神国日本が、世界中から攻められる。

②日本に救いの神が現われたように見えるが、それは敵の大将と裏で通じている。

③日本中に火の雨が降り、神も仏もないというほど痛めつけられる。

④我が身の生命《いのち》大事さに、敵に降伏するものが次々に現われる。

⑤ちょうどそのとき、予想もしなかった大天変地異（暴風雨、竜巻、火山、地震などなど）が襲い、これによって敵はこの世の外に一掃される。

⑥天変地異が収まった後、日本国土のあちこちに神の息吹で甦《よみがえ》った御民《みたみ》が出現する。

⑦復活した御民らが、「遂に最後の岩戸が開いた」と地に跪《ひざまず》き空を仰げば、そこには日本晴れの富士の山がある。

右のように、①〜⑦にまとめることができるが、このうち①〜④は「**人間同士の戦**」を、⑤は「**大天変地異**」を、そして⑥、⑦が「**ミロクの世の到来**」を述べている。

これが「大峠」の三段階のプロセスであり、またその情景の一端である。

①〜④の「人間同士の戦」では、日本が世界中からよってたかって攻められ、滅亡寸前まで追い込まれてしまうことになるが、これは神国日本が世界の「メグリ取り」の使命を負っているからである。

つまり、日本の宿命とも言い得る。

⑤の「大天変地異」は間違いなく世界規模、地球規模で起こるもので、「**人一人も生きてはおられんのざぞ**」（＝本巻第十九帖）とあるように、これによって全ての人類が一旦死に絶えることになる（＝肉体死）。

ここで「**敵**」というのは、日本を攻めてきた「外国の軍隊」という表面的な意味だけではなく、霊的な意味で、「悪の御用」を担ってきた「体主霊従」の勢力と捉えるべきである。

そのようなものが、遂に一掃されるのである（なお「大峠」の天変地異については、『ときあかし版』大峠の章で詳述しているので、興味のある方は参照されたい）。

⑥では「神の息吹で御民が甦る」のであるが、これに該当するのは「**身魂が磨けた臣民**」だけであることは説明の要もあるまい。

これまで何度も強調してきたように、その判定者は神であることを忘れないでいただきたい。

そして最後の⑦で「**日本晴れの富士**」が登場するが、これは日月神示の初発（第一巻第一帖）に「**富士は晴れたり、日本晴れ**」とあったことと全く同じである。

即ち「富士」とは神国日本であり、「日本晴れ」とは「岩戸」が開《あ》けて「ミロクの世」に至ることを指しているのである。

最後に付言しておきたいのは、①〜④の「大戦争」の描写がまるで「神話」のような書き方である点に注意していただきたいということだ。

そこにはなにやら非常に「古典的な戦」が描写されていると感じられる。

私はこの部分を読んだとき、出口王仁三郎《でぐちおにさぶろう》の『霊界物語』に書かれている霊界の戦（＝正神と悪神の戦）に酷似していると感じた。

日月神示のこの部分も「神界」の出来事であるから、同様の書き方になるのは理解できる。

ただこれが地上界に移写した場合は、人間世界の文明や科学技術を駆使した戦いになるから、神示のような古典的な戦だけではなく情報戦争、経済戦争、心理戦争、宗教戦争、テロなどなど、考えられるありったけの手段が投じられることは間違いないと思われる。

「神界」の戦争よりも「地上界」の戦争のほうが、遥かに多種多様な争いになるであろう。

このように「神界」→「幽界」→「顕界」と移写する様相は、いつでも全く同じということではない。

このような違いもあるということを知っておけば、これから神示を解釈する上で柔軟に対応できるであろう。

## 第二十五帖（一〇五）

世界中の臣民はみなこの方の臣民であるから、ことに可愛い子には旅させねばならぬから、どんなことあっても⦿の子ざから、⦿疑わぬようになされよ、⦿疑うと気の毒出来るぞ。いよいよとなりたら、どこの国の臣民ということないぞ、大⦿《おおかみ》様の掟《おきて》通りにせねばならんから、可愛い子ぢゃとて容赦《ようしゃ》出来んから、気つけているのざぞ、大難を小難にまつり変えたいと思えども、今のやり方はまるで逆様ざから、どうにもならんから、いつ気の毒出来ても知らんぞよ。

外国から早くわかりて、外国にこの方祀ると申す臣民、沢山出来るようになって来るぞ。それでは⦿の国の臣民申し訳ないであろがな、山にも川にも海にもまつれと申してあるのは、⦿の国の山川ばかりでないぞ、この方世界の⦿ぞと申してあろがな。裸になりた人から、その時から善の方にまわしてやると申してあるが、裸にならねば、なるようにして見せるぞ、いよいよとなりたら苦しいから、今の内と申してあるのぞ。すべてをてんし様に捧げよと申すこと、日本の臣民ばかりでないぞ、世界の臣民みなてんし様に捧げねばならんのざぞ。

（昭和十九年八月三十日、⦿のひつ九のか三）

**【解説】**

本帖は、「**この方世界の⦿ぞと申してあろがな**」をキーポイントとして読めばわかりやすい。

「この方」とは国常立大神《くにとこたちおおかみ》のことであり、太古《たいこ》に地球を修理固成《つくりかため》られた主宰神であるから、神格から言っても「世界の神」であるのは当然の道理である。

よって、「**世界中の臣民はみなこの方の臣民**」なのであり、日本人だけの神ではない。

ただし、全ての臣民が同列同等かと言えばそれは異なる。大きく分けて臣民には「スメラの民（＝真の日本人）」と「ユダヤの民（＝外国人）」の二つがあり、それぞれ役割が異なるからである。

その中で「**可愛い子**」というのは、何も神がえこ贔屓《ひいき》して申されているのではなく、岩戸開きに際し、神が憑《か》かって神の御用に使う「因縁の身魂」を指すと考えればよいだろう。

よって、「**旅**」に出してこれまで鍛えていたのである。

しかし、「大峠」のタイムリミットが近づいてきているので、もはやそんなことは言っておられず、「**どこの国の臣民ということなく**」、「**大⦿《おおかみ》様の掟《おきて》通り**」にしなければならないと釘を刺しているのだ。

臣民にとって、「大峠」の「**大難を小難にまつり変える**」ことは誰しも望むところであろうが、神はこれについて、「**今のやり方はまるで逆様ざから、どうにもならんから**」と突き放したように申されている。

これは、臣民側の「身魂が磨けていない」ことに最大の原因がある。「**逆様**《さかさま》」とは「我れ善し、体主霊従」に堕《お》ちていることを言う。

「**外国から早くわかりて、外国にこの方祀ると申す臣民、沢山出来るようになって来るぞ**」とあるのは、地上界で日本以外の外国に住んでいる臣民（＝スメラの民）の身魂磨きが進み、外国に「この方」を祀るという意味だと思われるが、今のところ私自身は、この地上界でそこまで進んだ話は聞いたことがない。

もう少し将来のことかもしれない。

「**裸になりた人**」とは、「身魂磨き」が進んで「物質的欲望」に囚《とら》われなくなった（少なくなった）人のことを指し、そのような人を「**善の方にまわしてやる**」とあるから、これは「神の御用」に使うという意味であろう。

このような人は、当然「因縁の身魂」の一人であるに違いない。

しかし、「**裸にならねば、なるようにして見せるぞ**」ともあり、これを文字どおり取るなら、より厳しい「試練」を与えるという意味に解される。

いずれにしても、「因縁の身魂」の道行きは、生半可《なまはんか》な道ではない。

最後の、「**すべてをてんし様に捧げよと申すこと、日本の臣民ばかりでないぞ、世界の臣民みなてんし様に捧げねばならんのざぞ**」とは、「てんし様」が「ミロクの世の君《きみ》（＝王、統治者）」であって、世界中の臣民はみなてんし様の「臣」であり、すべてを捧げなければならないということである。

ここで「**……ならんのざぞ**」という義務や強制を感じる表現を使っているのは、身魂磨きが進んでいない地上界の臣民に強く印象づけるためであって、実際は、義務や強制は一切ないことに注意していただきたい（前述の「スメラの民」と「ユダヤの民」については、『奥義編』第四章　スメラとユダヤを参照されたい）。

## 第二十六帖（一〇六）

戦は一度おさまるように見えるが、その時が一番気つけねばならぬ時ぞ、向こうの悪神は、今度は◉の元の◉を根こそぎに無きものにしてしまう計画であるから、そのつもりでフンドシ締めてくれよ、誰も知れんように悪の仕組してあること、◉にはよくわかりているから心配ないなれど、臣民助けたいから、◉はじっと堪《こら》えに堪えているのざぞ。

（昭和十九年八月の三十日、◉のひつ九の◉）

【解説】

本帖は「大峠」における「**人間同士の戦争の途中経過**」と「**悪神の目的**」を述べている。

まず「人間同士の戦争の途中経過」とは、「**戦は一度おさまるように見える**」という部分が該当するが、残念ながらこれだけでは具体的なことがさっぱりわからない。

しかし「**その時が一番気つけねばならぬ時ぞ**」とあることを手掛かりにして、これまで登場した「大峠」に関する帖を探してみると、本巻第二十四帖に「**折しもあれや日の国に、一つの光現われぬ、これこそ救いの大神と……**」とあったことと関係があるように思われる。

ここからは推測になるが、日本に出た「光、救いの大神のような存在」とは、おそらく攻めてくる外国と裏で交渉し、一旦は戦を中断（＝休戦？　講和？）するようなはたらきをするのではないだろうか？

これが「**戦は一度おさまるように見える**」ことだと考えられる。

しかしその実態はと言えば、「**救い求むる人々の、目に映れるは何事ぞ、攻め来る敵の大将の、大き光と呼応して、一度にドッと雨ふらす**」ようなとんでもない輩《やから》だと示されている。

要は「国を売る裏切り者」が登場するということであろうが、それ故に「**一番気つけねばならぬ時**」と示されているのだろう。

このように見れば、本帖と第二十四帖は非常にうまく整合するので、私自身は有力な推論と思っている。

次の「悪神の目的」については、「**向こうの悪神は、今度は㋾（日本）の元の㋾（神）を根こそぎに無きものにしてしまう計画であるから**」とある部分に凝縮されている。

悪神はかつて国祖様（＝国常立大神）の律法による厳格な政治を嫌って、天の大神様に国祖隠退《いんたい》の直訴《じきそ》を何度も訴えてまんまと成功した実績があるが、どうも今度は国祖様だけでは飽き足らず、全ての日本の㋾まで根こそぎ追放して、悪神の天下を磐石《ばんじゃく》にしようと目論《もくろ》んでいるようである。

そのことは㋾ご自身にはわかっているから心配はないが、悪神に支配されている臣民を助けなければならないから、「**じっと堪《こら》えに堪えている**（＝**待てるところまで待っている**）」と述べているのである（悪神による国祖様の追放・隠退については、『秘義編』第一章　我《が》で失敗《しくじ》った国常立大神を参照）。

## 第二十七帖（一〇七）

㋾の堪忍袋切れるぞよ、臣民の思うようにやれるなら、やりてみよれ、九分九厘でグレンと引っ繰り返ると申してあるが、これからはその場で引っ繰り返るようになるぞ。誰もよう行かん、臣民の知れんところに何しているのぞ、⦿には何もかもわかりているのざと申してあろがな、早く兜脱いで⦿にまつわりて来いよ、改心すれば助けてやるぞ、鬼の目にも涙ぞ、まして⦿の目にはどんな涙もあるのざぞ、どんな悪人も助けてやるぞ、どんな善人も助けてやるぞ。

江戸と申すのは東京ばかりではないぞ、今のような都会みな穢土《えど》であるぞ。エドはどうしても火の海ぞ。それよりほかやり方ないと⦿⦿《かみがみ》様申しておられるぞよ。秋ふけて草木枯れても根は残るなれど、人民枯れて根の残らぬようなことになりても知らんぞよ、神のこのふみ、早う知らしてやってくれよ。八と十八と五月と九月と十月に気つけてくれよ。

これでこの方の神示の終わりぞ。この神示は『富士の巻』として一つにまとめておいて下されよ、今に宝となるのざぞ。

（昭和十九年八月の三十日、⦿のひつ九の⦿）

**【解説】**

本帖の冒頭にある「**⦿の堪忍袋切れるぞよ、臣民の思うようにやれるなら、やりてみよれ**」とは、神にしてはいかにも突き放した言い方のように感じられるのは私だけではあるまい。

神示はときとして、このような厳しい言い回しをすることがあるが、これは神が「硬」と「軟」を使い分けて臣民を指導するやり方の一つであろうと思われる。

読む側にとっても、緊張感を覚えるところではある。

「**九分九厘でグレンと引っ繰り返る**」というのは既に解説済みだが、要は悪神側には「最後の一厘」がないという根本的な「欠落」があるから、どんなに頑張っても九分九厘までしか行けず、結局は「グレンと引っ繰り返る」しかないのである。

**「これからはその場で引っ繰り返るようになるぞ」**とあるのは、グレンと引っ繰り返るまでの時間が短くなるという意味で、悪の行為がすぐに破綻《はたん》するということであろう。

**「誰もよう行かん、臣民の知れんところに何しているのぞ」**という謎めいた表現は、具体的な意味が不明である。

ただこれも「我れ善し、体主霊従」の臣民側の話であるから、何やら秘密の場所で行う秘密の儀式のようなイメージがある。

もしこれを岡本天明の下《もと》に集まってきた同志たち（一部）の所業を指していると考えるならば、彼らは大なり小なり「神様大好き人間」であって、様々な神や宗教を信仰していたから、彼らが日月神示に全幅の信頼を寄せ切れずに、むしろ神示を自分の信仰の「ダシ」にしていたとすれば、神がこれに対して「何しているのぞ」と叱責《しっせき》したとも考えられる。

**「どんな悪人も助けてやるぞ、どんな善人も助けてやるぞ」**というのは、日月神示特有の逆説的表現である。

「悪人」を助けるのはまだしも、何故「善人」を助けなければならないのか？　誰しも疑問に思うところだろう。

これは「善と悪」に関する神の視点と、人間の視点の違いから来ていると考えればよいだろう。

神の視点では「善も悪も単独で存在せず、世の元の大神様の御用としてはたらく」だけであって、切り離すことも分けることもできないが、人間は善と悪を区別し、それらが別々に存在していると認識する。

よって悪がなくなれば善一筋《ひとすじ》の世になるという平面的な単純思考になるのであるが、既に何度も述べたようにこれは根本から間違っている。

もしこの考え方が正しいのであれば、人類の歴史は悪がどんどん減って行き、今頃は善だらけの理想世界になっているはずだが、実際はむしろ逆である。

神示が述べる「悪人も善人も助ける」とは、人間の視点から見た「悪人と善人」を指しているのである。

よって、神の視点に立った「善と悪の御用（＝はたらき）」を理解することが不可欠である。

後半に移って、「**江戸と申すのは東京ばかりではないぞ、今のような都会みな穢土《えど》であるぞ。エドはどうしても火の海ぞ**」とあるのは、「大峠」における最終戦争の様相と見ることもできるが、大東亜戦争における米軍の「**本土大空襲**」による被害を指しているとも考えられる。

即ちこれは「両義預言」である。

大東亜戦争では、日本がサイパン、グアム、テニアンなどのマリアナ諸島を失い、米軍がここを占領したことにより、昭和十九年秋から日本本土への直接空襲が開始されたが、昭和二十年からは一層拡大し、日本中が「無差別爆撃」を受けることになり、それは延々と終戦まで続いた。

昭和二十年三月十日未明の「東京大空襲」では、多くの市民が住む下町が狙《ねら》われ、このときだけで実に十万人以上の死者を出しているし、これ以外にも全国二百以上の市や町が爆撃され、死者の合計は三十三万人、負傷者は四十三万人に達し、被災人口は何と一千万人近くにのぼった。

この歴史的事実を見れば、右の神示は大東亜戦争の「本土大空襲」に完璧に符合することがわかる。

しかも、**「それよりほかやり方ないと⦿⦿様《かみがみ》申しておられるぞよ」**とあるように、日本が大空襲を受けて敗戦に追い込まれていくのは「神仕組」の一つであったのだ。

拙著『ときあかし版』及び『奥義編』で明らかにしたように、日本は神国としての役割上、現象的には「原爆」を落とされ「大東亜戦争」に敗北するという一見悲惨な末路を辿らなければならない宿命が「神界計画」として決定していたのである。

何故ならば、そこから「**岩戸開き**」が始まるからである。

そしてこれと同様のことが、最後の「岩戸開き」である「大峠」においても起こると思われるのである。

**「八と十八と五月と九月と十月に気つけてくれよ」**とある箇所は、これだけでは具体的な意味を絞り込むことができない。

ただ「九月と十月」については、第一巻「上つ巻」第六帖で「**九十となりたらボツボツはっきりするぞ**」と示された「**九十**」と同じ意味である可能性がある（私は「九十」を九月、十月と解釈している）。

これらが全て何らかの「時期」を示しているとすれば、「八と十八」は「八日、十八日」となると思われる。というのも十八月は存在しないからである。

しかしそれが「時期」だとしても、その中身が「神業（＝神祀り）」なのか「歴史上の出来事」なのか、或いはもっと個人的に岡本天明たちの「活動」に関するものなのか、残念ながら特定できる材料がない。

神業面でわかる範囲では、昭和十九年十二月八日、奥山に「天照大神」以下三神が祀られている他、昭和二十年六月十八日、「甲斐の御用」の「一の宮」が開かれていることを付記しておく。

このような不思議な「時期指定」はこれから先の巻にもしばしば登場するので、その時に改めて考察することとしたい。

《第三巻「富士の巻」了》

# 第四巻　天《あま》つ巻

（全三十帖）

自　昭和十九年八月三十一日

至　昭和十九年九月十四日

【概説】

第四巻「天《あま》つ巻」は、第三巻「富士の巻」に引き続き「大峠」の様相が多く述べられている。また「岩戸開き」に深く関わってくる神々を祀《まつ》れと示されているのも大きな特徴であり、「てんし様」に関する記述も多くなってくる。

日月神示が「食」に関する内容を本格的に降ろし始めるのも本巻からである。

食については、神示全体として肉食（特に四ツ足）を戒《いまし》めているけれども、本巻には「一度神に捧《ささ》げれば何を食べてもよい」とまるで正反対に取れる帖がある。ここは多くの神示研究者を悩ませてきた箇所であるが、よく読めば矛盾《むじゅん》は何もないことが明かされる。

この他本巻には、「ミロクの世の実相」、「我《が》」、「善と悪」、「病気の原因と治し方」など非常に多様な内容が含まれていて、総じて佳境《かきょう》に入りつつあると言えるが、反面、神示の解釈はかなり難しくなってきている。

一例を述べれば、表現上は「同じようなこと」ばかりが書かれているように見えても、神は「みな意味が違う」と述べていることが挙げられる。

これは一つの言葉や表現が複数の意味を持つ場合が多いからであって、例えばある言葉が示しているのが「神界（または幽界）」のことかそれとも「地上界」のことか、或いは「霊的意味」なのか「物理的意味」なのか、また「預言」の場合は「単一預言」か「両義預言」かなど、その解釈には幅と選択肢があるにもかかわらず、神示にはそれが一切示されていないからである

全ては読む者の判断に任されているのである。

本巻の内容は非常にバラエティに富んでいるが、表現自体は抽象度が高くなってきているので、読者は外見に惑わされることなく「中心の神理」を把握するよう読み進めていただきたい。

そのためにはとにかく「よく読むこと、裏の裏まで読むこと」、これが肝要である。

## 第一帖（一〇八）

富士は晴れたり日本晴れ、富士に御社《みやしろ》してこの世治めるぞ。五大州ひっくり返りているのが⦿には何より気に入らんぞ。一の大神様祀れ、二の大神様祀れよ、三の大神様祀れよ、天の御三体《ごさんたい》の大神様、地《ち》の御三体の大神様祀れよ、天から⦿⦿《かみがみ》様御降《おんくだ》りなされるぞ、地から御神々様お昇りなされるぞ、天の御神、地《つち》の御神、手を取りて、嬉し嬉しの御歌《おんうた》、うたわれるぞ。⦿の国は⦿の国、⦿の肉体ぞ、汚してならんとこぞ。

（昭和十九年八月の三十一日、一二のか三）

**【解説】**

本帖は比較的短いが内容を理解するのはなかなか手強《てごわ》い。これまで解説したことを踏まえてよく考えなければならない。

まず冒頭の「**富士は晴れたり日本晴れ、富士に御社《みやしろ》してこの世治めるぞ**」であるが、「富士は晴れたり」とは「岩戸が開いてミロクの世になる」ことであるから、「ミロクの世」になれば「てんし様」が富士に御社《みやしろ》（＝皇居、宮城《きゆうじよう》？）を構えられ、そこから世界を治めるという意味であろうと思われる。

「ミロクの世」では霊峰「富士」に神都《しんと》ができるようであるが、これは確かに理に適《かな》っている。故《ゆえ》にここでも「富士」の重要性が浮かび上がってくる。

次の「**五大州ひっくり返りているのが☉には何より気に入らんぞ**」は二つの解釈が可能である。ポイントは神が「気に入らない」と申されているのだから、「五大州が本来あるべき状態にない」ことを意味していると考えることができよう。

これまでの神示で登場した「上下逆様になっている」とか「グレンと引っ繰り返る」という表現を連想させる。

ところで五大州とは、世界を地理学的に分けた「五つの州の総称」であって、「アジア州」、「アフリカ州」、「ヨーロッパ州」、「アメリカ州」、「オセアニア州」の五つを言う（アメリカ州には、南北アメリカを含んでいる）。

ちなみに、この他に「六大州」とか「七大州」という区分の仕方もある。六大州というときは「アメリカ州」を「北アメリカ州」と「南アメリカ州」の二つに分ける場合であり、七大州とは六大州に「南極州」を加えたものである。

要するに五大州とは全世界を指し、つまりは「地球」のことでもある。

それが「**ひっくり返っている**」とはどういうことか？

私はここで極めて大胆な仮説を述べるが、これは過去のある時点で、地球の南北が逆転（＝入れ替わり）したためであり、その原因は大規模な「**ポールシフト（＝極移動）**」ではないかということだ。

本来の地球は、おそらく今の南極と北極が入れ替わった状態（＝南北逆様《なんぼくさかさま》）であっただろう。今の「北極点」にあたる位置には、今の「南極点」があった（その逆も）ということであり、これが本来の地球の姿ではないかと考えられる。

日本について言えば、元々は（今の）南半球に位置していたということになる。

つまり現在の地球は、（本来あるべき状態から）「上下逆様」になっているのである。

神が「何より気に入らん」と仰《おっしゃ》っているのがこのことだとすれば、「大峠」のときに起こるであろう「超天変地異《ちょうてんぺんちい》」とは、五大州（＝地球）を元の状態に戻すために、地球が再び「南北逆転」するような大規模なポールシフトが起こると考えることができよう。

勿論《もちろん》この帖のみでは「南北逆転」の仮説を導き出すのは無理である。そのためには、日月神示全体を総覧《そうらん》して「大峠」に関連するピースを選び出し、総合的に考察しなければならない。

私が提唱する天変地異に関する「大峠仮説」とはまさにこのことであるが、これについては『ときあかし版』大峠の章に詳しく述べているので、興味のある方は参照していただきたい。

以上は「地球の南北逆転」に関する「物理的解釈」である。

もう一つ神が「気に入らない」こととして考えられるのは、日本と五大州との関係であるが、こちらは「霊的解釈」と言えるものだ。

第二巻「下《しも》つ巻」第十三帖で「**日本は別として、世界七つに分けるぞ**」という記述があり、これは、「ミロクの世」の日本と外国の関係を表していて、日本が世界の「中心」であり、外国が七つに区分されて日本（のてんし様）に統治されるという意味に解釈される。

このように日本は元来神国であるから、世界が五大州であろうが七大州であろうが、本来は「霊的中心」に位置しなければならないのであるが、現実にはそうなっていない。

つまり日本と五大州の霊的関係もひっ繰り返っているので、これも神が「気に入らない」ものの一つであることは容易に想像がつく。

よって解釈上はこの点も押さえておく必要がある。

本帖の残りの部分は、「**神祀り**」について述べたものである。

ここで新たに示されているのは「**御三体《ごさんたい》の大神様**」であり、この神は「天」と「地」の両方に存在し、「祀る」ことによって天から降《くだ》り、また地から昇られてこの地上界で一緒（＝一体）になり、「**手を取りて、嬉し嬉しの御歌《おんうた》、うたわれる**」とある。

これは紛れもなく「ミロクの世」の光景である。

「天」と「地」の双方に「御三体の大神様」が存在すると示されたことの意味は極めて大きい。何故《なぜ》なら、天は**陽**、地は**陰**と考えることができるから、結局神には「陽と陰」両方のはたらきがあり、それが統合することによって新しい世（＝ミロクの世）に移行する条件が整うからだ。

この「陽と陰」を「**男と女（＝男性原理と女性原理）**」に置き換えれば、「イザナギ神とイザナミ神」が離別した最初の「岩戸閉め」は、「**陽と陰の分裂**」を暗示していることになるし、両神が再会・再結すれば陽と陰が統合されて、今度は「岩戸開き」に繋《つな》がってくるのである。

このように「天と地」或いは「陽と陰」には、重大な神仕組が組み込まれているのである（この辺りの詳細は、『奥義編』第四章　スメラとユダヤを参照されたい）。

なお「**一の大神様**」、「**二の大神様**」、「**三の大神様**」とあるのは、「御三体の大神様」のそれぞれの神々を表していると考えるのが妥当であろう。

ただここではまだ、御三体の大神様の「固有名（＝御神名）」は明らかにされていない。

神格から言っても、根元の大神様に近い極めて重要な神々であることが推測される。

古事記には「造化三神」として「天之御中主神《あめのみなかぬしのかみ》」、「高御産巣日神《たかみむすびのかみ》」、「神産巣日神《かみむすびのかみ》」が登場する他、「三貴神」と言われる「アマテラス」、「ツキヨミ」、「スサノオ」の三神もいる。

おそらくは、日月神示の「御三体の大神」も、このような重要な神格の神であるだろう。


最後の「**⦿の国は⦿の国、⦿の肉体ぞ、汚してならんとこぞ**」とあるのは、これまで何度も出てきているように、日本は神国であり日本の国土は「神（＝国常立大神《くにとこたちおおかみ》）の御肉体《おからだ》」であるから「汚《けが》してはならん」ということがここでも強調されている。

その証拠の筆頭に来るのが「富士」である。「富士」は神の国の中でも最高の霊峰であって、「ミロクの世」では「てんし様」の宮殿が置かれる場所である。

また「⦿の米（＝お土米《つちこめ》）」、「⦿の土」なども出てきて、それが食用や薬用になると示されていることなども「神の国、神の肉体」の証《あかし》の一つである。

くれぐれも気分やイメージだけで、日本は神国と捉《とら》えないでいただきたい。

なお「**神国を汚す**」とは具体的にどんなことかと言えば、霊的な面では日本の国土に「我《わ》れ善《よ》し、体主霊従」の人民ばかりが増えることであろうし、物理的な面では国土をコンクリートなどで固めて土（＝神）が呼吸できなくしてしまうことであろう。

後者については後の巻でも登場するテーマである。

※補足
本帖の「五大州、七大州、八大州」との関連で、岡本天明の有力ブレーンであった高田集蔵《たかだしゅうぞう》は、日本神話の「国生み」で生まれた「大八洲《おおやしま》」を、世界八大陸（五大陸に南極、アトランティス大陸、ムー大陸を加えたもの）と解釈していたという（高田集蔵の「古事記講義」による）。「アトランティス」と「ムー」は海底に没した幻の大陸とされるが、仮にこれらが実在し、「大峠」の時に再浮上（＝隆起）するならば、大陸の数としては確かに「八大州」にはなる。（日本弥栄の会『玉響Ｎｏ．２２５』より）

## 第二帖（一〇九）

これまでの改造は膏薬《こうやく》貼りざから、すぐ元にかえるのぞ。今度は今までにない、文《ふみ》にも口にも伝えてない改造ざから、臣民界のみではなく、神界も引っくるめて改造するのざから、この方《ほう》らでないと、そこらにござる守護神様にはわからんのぞ、九分九厘までは出来るなれど、ここというところで、オジャンになるであろうがな。

富や金《きん》を返したばかりでは、今度は役に立たんぞ、戦《いくさ》ばかりでないぞ、天災ばかりでないぞ、上《うえ》も潰れるぞ、下《しも》も潰れるぞ、潰す役は誰でも出来るが、つくりかためのいよいよのことは、

⦿⦿《かみがみ》様にもわかりてはおらんのざぞ。
星の国、星の臣民、今はえらい気張りようで、世界構うように申しているが、星ではダメだぞ、⦿の御力でないと何も出来はせんぞ。

（昭和十九年八月三十一日、一二⦿）

【解説】

「**膏薬《こうやく》貼り**」とはふすまや障子《しょうじ》などの破損した部分だけを、小さい紙を膏薬のように貼って一時しのぎに繕《つくろ》うことであり、要するに「その場しのぎ」のことを言う。

従って冒頭の「**これまでの改造は膏薬《こうやく》貼り**」とは、人類が築き上げてきた文明は「その場しのぎ」であり、「その時さえよければ」という必要性が基《もとい》となって構築されてきたという指摘である。

それに対して「**今度は今までにない、文《ふみ》にも口にも伝えてない改造**」であって、「**神界も引っくるめて改造する**」とし、それは「**この方《ほう》らでないと、そこらにござる守護神様にはわからん**」と言い切っている。

人類の文明進歩が「膏薬貼り」であったのに対し、今回神が行うのは「根本改造」ということになる。

「**富や金《きん》**」を返しても役に立たず、「**戦《いくさ》**」や「**天災**」ばかりでなく、「**上《うえ》も下《しも》も潰れ**」て「**つくりかためる**」と言うのだから、これは神界、幽界、地上界の三界全て（＝三千世界）が新たに創り直されるという意味に解される。

これが「**立替え、立て直し**」の真の意味であろう。

そしてこのことがわかるのは「**この方《ほう》ら**」とあるとおり、「国祖様《こくそさま》・国常立大神《くにとこたちおおかみ》」を始めとして今回の「岩戸開き」の御役を担う「世の元からの神々（＝十柱《とはしら》の神々）」だけなのである。

他の神々や守護神では九分九厘まではわかっても、「**ここというところで、オジャンになる**」のが関の山であるという。

読者はここに、「**預言**」の重要な仕組があることに気づいていただきたい。

最後のことがわかるのは「この方《ほう》ら」だけであって、それ以外の神々ではダメなのである。

何故ならば、世の元の大神様（＝根元神、創造神）から「岩戸」を開いて「ミロクの世」を創る最終的な権能を与えられているのは国祖・国常立大神だけであって、それ故に全てを計画実行する神権を保持しているからである。

よって、真の意味で「預言」できるのは国常立大神だけなのである。

他の神示解説書では、日月神示の預言と他の預（予）言をごちゃ混ぜにして論じているものが多く見られるが、これは預言の本質を理解していないからであろう。

預言と言うとき、日月神示以上の預言は古今東西のどこにもないことを知っていただきたい。

なお「預言」と「予言」は似《に》て非《ひ》なるものであって、「預言」というときはそこには必ず「正神の介在」があることに注意していただきたい。

神が言葉を預けるから「預言」と称し、そのお役を担う者を「預言者」と言うのである（預言と予言について、詳しくは『秘義編』第一章　我《が》で失敗《しくじ》った国常立大神を参照されたい）。

最後の「**星の国、星の臣民**」とはどこの国と国民を指すのであろうか？

「星」とはその国のシンボルのことだと思われるから、おそらくは「国旗」を指しているはずだが、「星」を国旗のモチーフとしている国は非常に多い。

ただ「**今はえらい気張りようで、世界構うように申している**」という条件で見れば、それはただ一つ「アメリカ合衆国」以外には考えられない。

国旗の「星の数」でも、他の追随を許さないことは大きな特徴だ。

ところが日月神示は「**星ではダメだぞ**」と完全に釘を刺した上で、「**◉の御力でないと何も出来はせんぞ**」と断言しているのである。

「**◉の御力**」とは「神の力」のことであり、同時に「神国日本の力」でもある。

面白いことに、「星」は掃いて捨てるほど空にあるが、「日（太陽）」はただ一つであり、しかもその明るさは他を圧倒している。「日」とは「日出づる国・日本」の象徴でもあるから、世界の中心となるのは日（日本）であって星（アメリカ）ではないことが暗示されている。

神示にも「**◉の御力でないと何も出来はせんぞ**」とあるとおりである。

我々は、アメリカのやり方ではダメだと神が仰《おっしゃ》っていることを真摯《しんし》に受け止めなければならない。

日本がどこまでもアメリカにべったりで、その言いなりになっていると、必ず手痛いしっぺ返しを食らうことになるだろう。

## 第三帖（一一〇）

一日の日の間にも天地ひっくり返ると申してあろがな、ビックリ箱が近づいたぞ、九、十に気付けと、くどう申してあろがな、⦿の申すこと一分一厘違わんぞ、違うことならこんなにくどうは申さんぞ、同じことばかり繰り返すと臣民申しているが、この方の申すことみな違っていることばかりぞ、同じこと申していると思うのは、身魂曇りている証拠ぞ。改心第一ぞ。

（昭和十九年八月三十一日、一二⦿）

【解説】

右の帖で最も大事なポイントは、「**同じことばかり繰り返すと臣民申しているが、この方の申すことみな違っていることばかりぞ**」とある部分である。

読者はここまでに一一〇もの帖を読まれてきたわけであるが、確かに、「同じような表現や言い回し」があちこちに書かれていることはお気づきだろう。

だが神は「この方の申すことみな違っている」と明言している。

つまり同じような表現でも意味が異なっているのだが、これが臣民にはわからないから、「**身魂曇りている**」証拠だと指摘されているのだ。

では「同じような表現や言い回し」に「異なる意味」が込められるとはどういう場合であろうか？　少しこれについて考えてみよう。

ここまでの解説の中でもそのような例はいくつもあったので、それらを踏まえてまとめれば、およそ次のような場合が考えられる。

## 【同じような表現や言い回しに異なる意味が込められる場合】

### ◉両義預言の場合

例えば、「大東亜戦争」と「大峠における最終戦争」で同じような状況が生起する場合は、降ろされた帖によって、両者のどちらか或いは両方が含まれることがある。

両義預言の場合、どちらか一方の意味に限定しようとすれば解釈が歪《いびつ》になってしまう。

### ◉「神界、幽界」の出来事と「地上界」の出来事を区分する場合

地上界に起こる出来事は、まず神界で起こった雛型《ひながた》が幽界を経て地上界に顕現《けんげん》する「三段移写《さんだんいしゃ》の仕組」によるが、ほとんどの帖は「神界、幽界」と「地上界」という区別や注釈がないままで文章化されている。

我々は通常、地上界のことしか関心がないから、全てを地上界的視点で見てしまいがちだが、

それでは神示の意味がよくわからず、全体として整合性が取れない場合がある。

このようなときは「地上界」ではなく「神界、幽界」での出来事ではないか？　という視点で改めて吟味《ぎんみ》すべきなのである。

## ◉同じ言葉に「物質的意味」と「霊的意味」を持たせる場合

この例としては、すぐ後の第四帖に出てくる「**火と水で岩戸開く**」が格好のサンプルである。火と水には明らかに「物質的意味」と「霊的意味」が含まれている。

詳しくは次帖の解説を参照されたい。

## ◉言葉そのものに「多重的な意味」がある場合

日月神示にはこのケースが結構多いのが特徴である。よい例が、本帖の初めにある「**九、十に気付けと、くどう申してあろがな**」という部分の「九、十」である。

これを解釈する場合「コト」と読めば、「言葉、言霊《ことたま》、マコト、（重要な）出来事」などが該当するが、「時期」と解すれば「九月、十月」が当てはまる。

いずれが最も適しているかは、その帖全体の意味や流れ、或いは前後関係を考慮する必要があるが、とにもかくにも解釈は容易ではない。

右のような点を承知した上で、本帖を見てみよう。

冒頭の「**一日の日の間にも天地ひっくり返ると申してあろがな**」とは、文字どおり「天地（＝地球）が引っ繰り返る」と解することもできるし、または「天地が引っ繰り返るような大きな出来事が起こる」と読むこともできる。

私の解釈は前者であり、これは「**大峠の超天変地異**」のことだと考えている。しかもそれはまだ地上界のことではなく「神界（または幽界）」においてである。

というのも直前の第一帖で、「**五大州ひっくり返りているのがゝ⃝には何より気に入らんぞ**」と示されていて、これとの関連性が考えられることがまず一つ。

もう一つは「**ビックリ箱が近づいたぞ**」とあることだが、「ビックリ箱」とは誰もが予想しなかった前代未聞のとんでもない事態が起こることの例えだから、これは超天変地異において「天地が引っ繰り返る」こと、つまり「地球のポールシフト（＝極移動による南北逆転）」と考えたほうがスッキリするからである。

またこれを「神界（または幽界）」の出来事とした理由は、地上界ではまだ大東亜戦争の真《ま》っ最《さい》中《ちゅう》であって、それに関する神示も多数降ろされている中で、いきなり「（地上界に）ビックリ箱（＝地球の南北逆転？）」が近づく」のは、いくらなんでも時間が飛びすぎているからである。

昭和十九年当時の地上界で、「ビックリ箱（＝大峠）が近づいたぞ」とはとても言えない。戦後七十年経《た》ってもまだそのときは来ていないのだから。

注意していただきたいのは、「**一日の日の間にも天地ひっくり返る**」とある部分だ。

もし一日で南北逆転（最大百八十度回転）が起こるとしたら、これは今の地球が一日で一回転

（三百六十度）する速さの半分ということになる。

地表面（赤道）の自転速度は時速千六百キロメートル以上の超音速であるから、その半分なら時速八百キロメートル程度になる。

もし東西方向の通常の自転に加えて、突然時速八百キロの南北方向の回転が起こったら、我々を含めて地表に存在するものはどのような状況になるだろうか？

これを想像すれば、少しは「大峠」の何たるかが理解できるのではないだろうか。


これに対して「**九、十に気付けと、くどう申してあろがな**」とは、「気付け」と臣民に促《うなが》しているのであるから、これは岡本天明たちが生きていた当時の出来事に気づけという意味になるはずだ。

つまりこちらは「地上界」の出来事を指している。

すると「**九、十**」とは何か？　ということになるが、これについては、第一巻「上つ巻」第六帖で「**外国の飛行機が来ると騒いでいるが、まだまだ花道ぞ、九十となりたらボツボツはっきりするぞ**」と示されていたこととの共通性が浮上する。

私はこの意味を「九～十月頃になれば、米軍による本土空襲の兆候がわかってくる」ことと解釈したが、本帖でもこの解釈でよいと考えている。

この帖が降ろされたのは昭和十九年八月三十一日であるから、「九月、十月」はもう目前である。

よって、「**気付けと、くどう申してある**」のであろう。

これ以外の解釈、例えば「言葉、言霊に気をつけろ」とか「マコトを出すように気をつけろ」という解釈もないではないが、これではあまりにも漠然としていて、気をつけるべき具体例が全く見えてこない。

よって私としては、本帖の「九、十」は「九月、十月」説を採る。

## 第四帖（一一一）

この方は、元の肉体のままに生き通しであるから、天明にも見せなんだのざぞ、あちこちに人《じん》身《しん》の肉体かりて予言する⦿が沢山出てくるなれど、九分九厘はわかりておれども、とどめの最後はわからんから、この方に従いて御用せよと申しているのぞ。砂糖にたかる蟻となるなよ。

百人千人の改心なれば、どんなにでも出来るなれど、今度は世界中、神々様も畜生も悪魔も餓鬼も外道も三千世界の大洗濯ざから、そんなチョロコイことではないのざぞ、ぶち壊し出来ても立て直しわかるまいがな。火と水で岩戸開くぞ、知恵や学でやると、グレンとひっくり返ると申しておいたが、そう言えば知恵や学は要らんと臣民早合点するが、知恵や学も要るのざぞ。悪も御役であるぞ、この道理よく肚《はら》に入れて下されよ。

天の⦿様、地に御降《おんお》りなされて、今度の大層な岩戸開きの指図なされるのざぞ、国々の⦿⦿《かみがみ》様、産土《うぶすな》様、力ある⦿⦿様にも御苦労になっているのざぞ。天照皇太神宮《てんしょうこうたいじんぐう》様はじめ神々様、篤《あつ》く祀りてくれと申してきかしてあろがな、☉も仏《ほとけ》もキリストも元は一つぞよ。

（昭和十九年八月三十一日、ひつ九の☉）

**【解説】**

冒頭の「**この方は、元の肉体のままに生き通しである**」とは重要な示しである。

「この方」とは国祖様（＝国立常大神《くにとこたちおおかみ》）であり、「元の肉体のまま」とは「**龍体**《りゅうたい》」のことを言う。

つまり、国祖様は今現在も「龍体」の御姿《おすがた》をしておられると言うことだが、これはどういう意味であろうか？

出口王仁三郎口述の『霊界物語《れいかいものがたり》』によれば、「龍体」とは国祖様始めその部下の神々が太古《たいこ》の地球を修理固成《つくりかため》られたときの御姿であったから、今回は「三千世界の岩戸開き」という大仕事があるため、同じ御姿でおられると考えればよいのではないか。

それを「**天明にも見せなんだ**」と述べているのは、さすがに「龍体」をモロに見せられたのでは恐怖心が先に立つからであろう。

なおこれについては、第二巻「下つ巻」第三帖で、「**この☉のまことの姿見せてやるつもりでありたが、人に見せると、びっくりして気を失うもしれんから……**」と示されていたが、これも同じ意味である。

神も臣民に対しては、結構細かい気配りをしておられることが窺《うかが》われて興味深い。

次に「**人身《じんしん》の肉体かりて予言する㋹が沢山出てくる**」とあるが、これは昔から世の中が大きく変わるときに生ずる共通的事象のようである。

いわゆる「霊がかり、神がかりがウヨウヨ出てくる」ということだが、今現在はまさしくその絶頂期にあるように思われる。

しかしそれらは皆「**九分九厘はわかりておれども、とどめの最後はわからん**」のであるから、こんな予言をいくらかき集めても無駄ということになる。

それでも世の多くの人々は、こういう予言には関心があり興味が尽きないから、いつになっても「**砂糖にたかる蟻**」になってしまうのである。残念なことではある。

なお、預言については、本巻第二帖解説でも触れているので、併せて参照されたい。

中ほどの「**ぶち壊し出来ても立て直しわかるまいがな**」とあるのも重要な意味を持つ。

「ぶち壊す」だけなら、程度を問わなければ誰でもできる。

赤ん坊や幼児は壊すことしか知らないから、ある意味ぶち壊しの天才である。ましてや悪神も「我れ善し」に堕《お》ちた臣民も、ぶち壊すだけなら得意中の得意である。

今やその気になれば、世界中を何度も破壊し尽くすほどの核兵器が山のように存在する時代ではないか。

ここで言う「立て直し」とは、例えば壊れたものを修理したり作り直すという単純な意味でない。

それだけのことなら今の臣民でもかなりのことができる。

神がわざわざ「**立て直しわかるまい**」と言うのであるから、これは「物質的再建」ではなく「霊的創造」と捉えなければ意味が通じない。

ハッキリ言えば「体主霊従」から「霊主体従」へと大転換することであって、これが悪神には「わからない」ということなのである。

何故わからないのであろうか？

その答えはこれまでの解説で何度も出てきている。

即ち「**一厘の仕組**」である。

「立て直し」のためには「一厘の仕組」が発動しなければならず、これが悪神にとっては原理的にわからないのである。

何故なら「一厘の仕組」とは、悪神が持ち得ない「神のマコト（ヽ）」が発動することだからである。

だからこそ悪神の悪だくみも九分九厘までは行くが、最後の一厘がない（＝わからない）ためにグレンとひっくり返ると、神は再三にわたって述べているのである。

「**火と水で岩戸開くぞ**」は複数の重要な暗示が込められている。

まずわかりやすいのは「**物理的な火と水**」であろう。

「大峠」が近くなれば天変地異が急増するが、その原因が「地球の火」から発する「火山」や「地震」であり、また「天（＝太陽）の火」が原因で起こる「旱魃《かんばつ》」や「飢饉《ききん》」などが想起される。「原発事故」も当然「火」に入る。

「水」の場合は言うまでもなく「大洪水」であり、沿岸部では「大津波」である。またこれと対極にある「水不足、水枯《が》れ」も該当するだろう。

更《さら》には、原発から出る放射性物質や工業排水による汚染などで「飲めない水が増加」することも含まれる。

これが「大峠」本番となれば、その凄まじさは筆舌《ひつぜつ》に尽くしがたいものになるだろう。

次に「**霊的な火と水**」についても考えておかなければならないが、これは「陽と陰の統合」のことと考えればよいのではないか。

火は真っ直ぐ上に立ち上がるから縦（|、陽）であり、水は横に広がるから横（—、陰）である。この二つが調和のうちに組み結ぶことによって「十（＝陽と陰の統合、完全、神）」になるのである。

このように「火と水の仕組」とは、物理的には「破壊（＝立替え）」を、また霊的には「創造（＝立て直し）」という相反する意味を有する。

これも日月神示特有の逆説の一つと言えよう。

なお神示には「**富士と鳴門《なると》の仕組**」という仕組も登場するが、これは「火と水の仕組」と同義であると考えられる。火は富士に、水は鳴門に対応するからである。

ただ「富士」も「鳴門」も日本にしかないものであるから、「富士と鳴門の仕組」という場合は特に日本を対象として表現したものであろうと思われる。


ここで少し横道に入るが、「立替えの大峠」になれば「富士」が噴火するだろうとは何度も述べてきたが、もしかすると「鳴門」の渦《うず》が反対に渦巻くようになるかもしれないという話をしたい。

こんなことを言えば、読者は怪訝《けげん》な顔をされるかもしれない。

富士山は活火山であり過去に何度も噴火しているから、「大峠」のときに噴火する可能性があることは素直に頷《うなず》けるにしても、「鳴門の渦」が逆回転するなど聞いたこともないはずだから、これは当然の疑問だ。

だがこの地球上には、渦が逆に回転する場所が存在する。

こう言えばおわかりになるのではないか。

「北半球」と「南半球」である。

北半球で巻く渦は「反時計回り」であるが、南半球ではその反対の「時計回り」なのである。

その原因は、学校の物理でも習う「コリオリの力」とされている。従って現在の鳴門の渦が反時計回りなのは、北半球で「コリオリの力」を受けているためだと説明できる。

では「鳴門の渦」が反対に巻くにはどうすれば（どうなれば）よいか？

おわかりであろう。それが地球のポールシフトによる「南北逆転」なのだ。

自転方向が不変のまま南北が逆転すれば、日本は逆転前とは反対の南半球に位置することになるから、「コリオリの力」が逆に働き、渦の回転方向も逆になるという理屈が成り立つ。

よって、少なくとも理論的には矛盾せずに説明できるのである。

（注：ここでは「コリオリの力」による一般論を述べたが、実際の渦潮は、海流の速度差や、周辺の地形の影響も受けるから、これらの影響が大きければ、北半球でも「時計回り」に巻くことはあり得る）


次に「**知恵や学でやると、グレンとひっくり返る**」と示され、「**そう言えば知恵や学は要らんと臣民早合点する**」とあるが、神はこれに対して、「**知恵や学も要るのざぞ**」と諭《さと》している。

この意味は「**悪も御役であるぞ**」とあるとおりで、悪神と「我れ善し」に堕ちた臣民の「知恵と学」も「御用（＝はたらき）」として必要なのである。

悪を排除すれば善だけの世界になることなど絶対にあり得ないのだ。

「善も悪も共に抱き参らせ」なければならない。

最終段落に移って、「**天のゝ⃝様、地に御降《おんお》りなされて、今度の大層な岩戸開きの指図なされるのざぞ**」とあるが、これは第一帖で「**天の御神、地《つち》の御神、手を取りて**」とあったように、天と地（陽と陰）の調和が前提ではあるが、主導するのは「天（＝陽）」であるという意味だろう。

「**天照皇太神宮《てんしょうこうたいじんぐう》様はじめ神々様、篤《あつ》く祀りてくれ**」とは、岡本天明の「奥山」に今後祀るべき神々様について指示したものであろうと思われる。

最初に奥山に祀られた神は、昭和十九年八月八日、日月神示を降ろした「天之日津久神《あめのひつくのかみ》（＝国常立大神の神格）」であったが、この後も「岩戸開き」に必要な神々が続々と祀られていくのである。

ただし「天照皇太神宮様」という表現は、御神名というより「神宮、神社」のように思われるから、ここは少し不自然であり違和感を覚えるところではある。

事実「天照皇太神宮《てんしょうこうたいじんぐう》」と呼ばれる神社は全国に存在しているし、その御祭神は「天照大神《あまてらすおおかみ》」である。

しかし一方「**黒住教《くろずみ》**」の教祖・黒住宗忠《くろずみむねただ》は、御祭神「天照大神」を筆に記すときは、ほとんどの場合「天照皇太神宮」という御神号を用いたという話が伝わっている。

黒住教は「太陽」を拝む神道系宗派であるから、太陽は天照大神がおられる「神宮《じんぐう》」と見ることもできるし、ここから「太陽」＝「神宮」＝「天照大神」と同一視されたとも考えられる。

よって、「天照皇太神宮様」＝「天照大神」と考えても不自然ではない。

ところで読者は、私がここで突然「黒住教」を引き合いに出したことを奇異に感じるかもしれないが、黒住教とは、「**黒住、天理、金光《こんこう》、大本《おおもと》**」を経て「**日月神示**」へと繋《つな》がる霊脈のトップランナーであることを思い出していただければ、疑問は解消するのではないだろうか。

間違いなく「繋がっている」のである。

最後の「**⦿も仏《ほとけ》もキリストも元は一つぞ**」とあるのも極めて重要な真実であって、世界中の宗教は元々一つ、つまり「万教同根《ばんきょうどうこん》」であって、元返りすれば「万教帰一《きいつ》」であることを示している。

なお第一巻「上つ巻」第一帖に、「**仏もキリストも何も彼《か》もはっきり助けて、しち難しい御苦労のない代が来る**」とあったが、「仏もキリストもはっきり助ける」ことこそ、右の「元は一つ」であることを明らかにすることなのである。

## 第五帖（一一二）

牛の食べ物食べると牛のようになるぞ、猿は猿、虎は虎となるのざぞ。臣民の食べ物は決まっているのざぞ、いよいよとなりて何でも食べねばならぬようになりたら虎は虎となるぞ、獣と神とが分かれると申してあろがな、縁ある臣民に知らせておけよ、日本中に知らせておけよ、世界の臣民に知らせてやれよ。

獣の食い物食う時には、一度神に捧げてからにせよ、神から頂けよ、そうすれば神の食べ物となって、何食べても大丈夫になるのざ、何もかも神に捧げてからと申してあることの道理、よくわかりたであろがな、⦿に捧げきらぬと獣になるのぞ、⦿がするのではないぞ、自分がなるのぞと申してあることも、よくわかったであろがな、くどう申すぞ。

八から九から十から百から千から万から何が出るかわからんから、⦿に捧げな生きては行けんようになるのざが、悪魔に魅入《みい》られている人間いよいよ気の毒出来るのざぞ。

（昭和十九年八月の三十一日、ひつ九のか三）

【解説】

日月神示には「食」に関して多くの帖が降ろされているが、本帖はその中でも特に重要な帖である。

この帖を含め「食」について深く理解するには極めて大事な前提があるので、まずそれを確認しておきたい。

それは第三巻「富士の巻」第十三帖で「**一本の草木でも⦿のものぞ……みな⦿に供えてから臣民戴けと申してある……**」とあった部分であり、要は人間のものは何一つなく、「全ては神のもの（＝生んだもの）であるから、（食べ物も）みな神に供えてから戴《いただ》け」ということである。

食を論ずるとき、この視点を忘れては本質を見失うからよくよく注意していただきたい。

まず冒頭の「**牛の食べ物**」についてであるが、これを文字どおり取れば「牛が食べるもの＝牛の餌《えさ》＝草」ということになる。

しかし人間が牛の餌である草など食べるわけがないし、仮に食べても「牛のようになる」道理もない。満月の光を浴びて変身する狼男《おおかみおとこ》ではないのである。

だから「牛の食べ物」とは、「牛を人間の食べ物にしたもの＝牛肉」という意味に解さなければならない。

そうすると「牛肉を食べると牛のようになる」ということだから、この部分の真意は「牛肉を食べると、牛の獣性波動の影響を受ける」という具合に、「霊的」な視点で捉えなければならないことがわかるであろう。

「**猿は猿、虎は虎となるのぞ**」もこれと同じで、動物の肉を食すれば例外なくその動物の獣性波動の影響を受けるという意味になる。

猿とか虎などを日本人が食べるわけがないのにわざわざその名前を挙げているのは、「全ての動物」という意味合いがあるからであろう。

霊的視点で重要なことは、「動物（特に四ツ足）」を食べると「**獣と神とが分かれる**」と明示されているように、動物の肉ばかり食すると魂が完全にその獣性波動の影響を受け、本来の「神性」が発揮できない状態に陥るという点である。

これ故に「**臣民の食べ物は決まっているのぞ**」と示されているのである。

臣民の食べ物とは、第二十巻「梅の巻」第十四帖や第二十一巻「空の巻」第十二帖などに示されているが、要するに「五穀、野菜、海、川のもの」などであって獣（＝四ツ足）は含まれていない。

とはいっても常に「例外」はあるようで、「**獣の食い物食う時には、一度神に捧げてからにせよ、神から頂けよ、そうすれば神の食べ物となって、何食べても大丈夫になるのざ**」とも示されている。

思えばこの部分が「肉食大好き人間」のバイブルであって、神に捧げてからなら肉でも何でも食べてもよいという根拠となっていた。

ここだけ読めば確かにそう書いている。

だが木を見て森を見ずとはこのことで、これには「**いよいよとなりて何でも食べねばならぬようになりたら**」という厳しい前提条件が付いていることを見落としている。

要するに、通常肉食はすべきでないが、いよいよ食糧不足が深刻になって何でも食べなければならないような緊急時の「非常手段」としては許容されると理解すべきなのである。

このことを無視して、神にさえ捧げれば何を食ってもよいなどと思うのは本末転倒《ほんまつてんとう》である。

「神に捧げる」と何故大丈夫なのかは書かれていないが、おそらく獣性を波動的に中和させるなどの措置《そち》が講じられるのであろう。

後半の「**八から九から十から百から千から万から何が出るかわからんから**」とある部分は、ここだけ読めば謎であるが、実はこれとよく似た神示が第二巻「下つ巻」第十四帖にある。

それは「**七から八から九から十から神烈しくなるぞ、臣民の思う通りにはなるまいがな**」というもので、私はこれを「(我れ善しの臣民は)物事の段取りが一から十まであるとしたら、一、二、三……のように初めのうちはうまくいく（ように見える）が、後半の七、八、九、十になるほど思うようにいかなくなる」と解釈したが、本帖の場合もこれと同義と考えてよいであろう。

ポイントは「**悪魔に魅入《みい》られている人間**」**は先に行くほど行き詰まることであって、結局**「**⦿に捧げな生きては行けん**」ようになるのである。

## 第六帖（一一三）

天《あめ》は天の⦿、地《くに》は地の⦿が治《し》らすのであるぞ、お手伝いはあるなれど。秋の空のすがすがしさが、グレンと変るぞ、地獄に棲むもの地獄がよいのぞ、天国ざぞ。逆様はもう長うは続かんぞ、無理通らぬ時世《ときよ》が来たぞ、いざとなりたら残らずの活神《いきがみ》様、御総出《おんそうで》ざぞ。

（昭和十九年九月の一日、ひつ九のか三）

**【解説】**

本帖は短いが重要なテーマが複数含まれている。

最初の「**天《あめ》は天の㋹、地《くに》は地の㋹が治《し》らすのであるぞ、お手伝いはあるなれど**」は、一見当たり前のことを書いている。

天は天の神が、地は地の神が治めるのは当たり前の話で、何故こんなことをわざわざ降ろしたのか疑問に思う読者もおられるだろう。

この真意は、その「**当たり前のことが当たり前のとおりにできていない**」からであろう。

私はここを読んだとき、日本神話で大国主命《おおくにぬしのみこと》を始めとする国津神《くにつかみ》が、高天原《たかあまはら》から降臨してきた天津神《あまつかみ》に「国を譲って」隠退《いんたい》した話を思い出した。

神話には「国譲り」と書いてあるが実際は奪い取ったに違いなく、この時点で「天の神は天、地の神は地」の統治原則が崩壊したのである。

その淵源《えんげん》には「**岩戸閉め**」があり、岩戸が閉められたために「一方的で不完全な世」になって、悪神がはびこった結果であった。

従って先の神示は、元の「統治原則」に戻すという意味が包含されていると解すべきである。

次の「**グレンと変るぞ**」はこれまでにもたびたび登場しており、何かが急激に変わること、それもほとんど百八十度完全に変わることを意味するのは間違いない。

しかもこれには、明らかに「霊的な意味」と「物理的な意味」の両方が内包されている。

「霊的な意味」とは、先の「天《あめ》の神は天、地《くに》の神は地」の統治原則に戻すことであろうが、これはつまるところ過去に閉められた「岩戸」を再び開くことに他ならず、「岩戸開き」そのものを意味する。

人間で言えば、「体主霊従」から「霊主体従」へ「グレンと変わる」ことでもある。

一方の物理的な意味での「グレンと変わる」とは、「大峠」における超天変地異、それも（私の仮説では）地球自体の南北逆転（＝ポールシフトによる）を指している。

「**秋の空のすがすがしさが、グレンと変るぞ**」とある部分は、その時期を暗示しているのではないだろうか？　つまり、地球がグレンと南北逆転する時期は「秋」である可能性がある。

また第十巻「水の巻」第九帖には、「**旧九月八日、とどめぞ**」という不思議な神示があるが、「旧九月八日」も時期的には間違いなく「秋」である。

この日が「**とどめ**」ということは、文字どおり「大峠」に起こる「最後のとどめ」であって、「地球がグレンと引っ繰り返る」日なのではないかとの推論が成り立つ。

物理的な「とどめ」と言うなら、これ以上のものはない。

また本帖が降りた昭和十九年の「旧九月八日」は、新暦では「十月二十四日」であるから、紛れもなく秋のど真ん中で、「空がすがすがしい」紅葉も見頃のときである。

これも不気味な符合である。

（注：「大峠」の詳細は『ときあかし版』大峠の章に書いているので、全体像を把握するためにも是非参照していただきたい）

次に移って、「**地獄に棲むもの地獄がよいのぞ、天国ざぞ**」とあるのはそのとおりの意味である。地獄に棲《す》む者にとっては、地獄が「天国」なのである（そのように感じられる）。

我々が彼らを「かわいそう、気の毒」と思うのは、自分たちの価値観を基準にしているからであって、たとえ残忍な弱肉強食の地獄世界でも、それを当然とする者にとっては一番棲みやすい「天国」に他ならない。

仮にの話だが、もしも善意で「地獄に棲む者」を本当の「天国」に連れていったとすれば、あまりにも純粋かつ高貴な天国の光にその者は到底耐え切れず、悶絶《もんぜつ》の苦痛を味わうであろう。

このように、「地獄に棲む者は、やはり地獄が天国」なのである。

もっとも「改心」して地獄から這《は》い上がろうとする者も当然いるはずだが、その者にとっては「地獄の三段目」に落ちたときがラストチャンスである。

第三巻「富士の巻」第九帖で「**地獄の三段目に入ることの表は一番の天国に出づることぞ**」と示されていたことを思い出していただければおわかりになるだろう。

「**逆様はもう長うは続かんぞ、無理通らぬ時世《ときよ》が来たぞ**」とは、「大峠」で最後の岩戸が開かれ、「ミロクの世」になる時節が近づいたという意味であるが、本帖が降ろされた時点ではまだ「神界」の出来事と捉えるべきである。

何といっても地上界ではまだ大東亜戦争の真っ最中で、肝心の「一二三《ひふみ》、三四五《みよいづ》、五六七《みろく》の仕組」のいずれも成就していないのである。

**「いざとなりたら残らずの活神《いきがみ》様、御総《おんそう》出《で》ざぞ」**とは、「大峠」では総大将・国常立大神を始め、その部下神将である「十柱《とはしら》の神々」と更にその配下にある全ての神々が総出になるということであろう。

軍隊式に言えば、「全神軍出動」となるであろうか。

ここで注意していただきたいのは「活神《いきがみ》様」という表現であって、これは「世の元からの神」のことを指している。

また第四帖で「**この方は、元の肉体のままに生き通しである**」と示されていたが、「元の肉体のまま」とは「龍体」のことであった。

よってこれから類推すれば、神軍とは「龍神軍」ということになるはずである。

金龍、銀龍、五色龍をはじめ大小無数の龍神が、「大峠」という岩戸開きを完成させるために、縦横無尽の活躍をされる情景はまさに想像を絶するものであろう。

## 第七帖（一一四）

富士は晴れたり日本晴れ、二本のお足であんよせよ、二本のお手々で働けよ、日本の神の御《おん》仕組、いつも二本となりてるぞ、一本足の案山子《かかし》さん、今更《いまさら》どうにもなるまいが、一本の手の臣民よ、それでは生きては行けまいが、一本足では立てないと、いうこと最早《もはや》わかったら、⦿が与えた二本足、日本のお土に立ちて見よ、二本のお手々打ち打ちて、⦿拝《おろが》めよ天地《あめつち》に、響くまことの拍手《かしわで》に、日本の国は晴れるぞよ、富士は晴れたり日本晴れ、富士は晴れたり、岩戸開けたり。

（昭和十九年九月一日、ひつ九か三）

【解説】

本帖は抽象的だが、一読して極めて意味が深い内容であることがおわかりだろう。

「**日本の神の御《おん》仕組**」が「**二本の足、二本の手で働く**」ことだと神は述べているが、例によって具体的な説明はほとんど示されていない。

しかし直前の第六帖では「**天《あめ》は天の⦿、地《くに》は地の⦿が治《し》らすのであるぞ**」とあって、私はこれを「当たり前のことが当たり前のようにできていない」ことを指摘していると解説した。

右の一節もこれと同様ではないだろうか。

本来「二本の足、二本の手」が調和して働いてこそ、完全な神仕組、神経綸が叶《かな》うが、それが全くできていないのである。

では、「二本の足、二本の手」とは何かということになるが、このヒントも「天《あめ》は天の⦿、地《くに》は地の⦿が治《し》らす」にある。

つまり「天の⦿と地の⦿」が調和のうちにそれぞれの国を統治するように、足と手も同じように左右が調和して働いてこそ神仕組が叶うという意味であろう。

足と手は「左右二本」ずつあるから「左足と右足」、「左手と右手」のそれぞれのペアが調和して働く、即ち「**左と右の調和**」のことを述べているのである。

では「天と地」、「左と右」、ここから連想されるものは何であろうか？

そう、これはつまるところ「**陽と陰**」である。

神は、陽と陰の調和が「**日本の神の御《おん》仕組**」だと仰《おっしゃ》っているのだ。

ところが実際には「**一本足の案山子《かかし》さん**」、「**一本の手の臣民**」に成り下がってしまい、「**それでは生きては行けまい**」、「**一本足では立てない**」という結果になってしまった。

では、本来左右二本であるものが何故一本になったのであろうか？

賢明な読者にはもうおわかりだろう。そう「**岩戸閉め**」があったためである。

特に最初の岩戸閉めは「イザナギ神（男神）」と「イザナミ神（女神）」という夫婦神が離別したことに端を発しているから、これは文字どおり「二」であるべきものが「一」になってしまったことである。

これを心霊的に解釈すれば、「男性原理（＝陽）」と「女性原理（＝陰）」が分離してしまったことを意味している。

この地上界は男神「イザナギ」が独り神となってから創った世界であるから、その結果は当然

「**一本足の案山子《かかし》さん**」、「**一本の手の臣民**」となってしまったのだ。

要するに「男性原理」が支配する一方的な世界が今の世界だということになる。

本帖は、この状況を脱して本来の「**二本のお足**」であんよし、「**二本のお手々**」で働く「**日本の神の御仕組**」に戻れと説いているのであるが、これはつまるところ「岩戸開き」と同義である。

神が与えた二本の足で日本のお土に立ち、二本の手を打って神を拝《おろが》んだときが「岩戸開き」のときであり、「**富士は晴れたり、日本晴れ**」となるのである。

ここでは「二本」がテーマであるが、面白いことに「二本」→「にほん」→「日本」となるから、日本という国名が「陽と陰」の二本を暗示していることがわかる。

以上は「二本」を「陽と陰」と捉えた解釈であるが、実はもっと深入りした解釈もできる。

手と足はそれぞれ二本あるが、頭（と胴体）は一つしかない。

このことから、二本の手と足は一つの「頭」を補佐するため働くと考えてみるのである。

すると中心の「頭」と左右の「手（足）」という「一対二の関係」が見えてくるが、読者はこれから何か思い出さないであろうか？　第一巻「上つ巻」第二十四帖及び第二十六帖に登場した「**あ**」、「**や**」、「**わ**」を思い出していただければ話は早い。

「あ」とは神の座であり中心であった。

そして「や」は左で、「わ」は右に位置して、「あ」である神を補佐するものであった。つまり「**神を中心にして左と右が調和して働く原型**」がここにあるが、これはそのまま「ミロクの世」の統治形態でもあった。

すると「頭」と「左右の手（足）」の関係は、「あ」、「や」、「わ」の関係にピタリと当てはまることがわかる。

ここから見えてくるのは、「陽と陰」の調和が大事であるのはそのとおりだが、その中心には必ず「神」が存在しなければならないということである。

神の本質は「歓喜」であるから、陽と陰が調和する究極の目的は神の「歓喜」を具現することに他ならない。

その「歓喜」が具現したものが「ミロクの世」なのである。

『岡本天明伝』の著者・黒川柚月《くろかわゆつき》氏は、この「二本の手、足」の解釈を、岡本天明たちが奉仕した「神業《しんぎょう》」の奉仕者が「**二人一組**」を基本として行動していた事実にまで広げているが、確かに神の御用《ごよう》に赴く御杖代《みつえしろ》が二人（＝陽と陰）を単位とすることは理に適《かな》っている。

実に慧眼《けいがん》であると思う。

## 第八帖（一一五）

嵐の中の捨小船《すておぶね》と申してあるが、今その通りになりておろうがな、どうすることも出来まいがな、船頭どの、苦しい時の☉頼みでもよいぞ、☉祀りてくれよ、☉にまつわりてくれよ、☉はそれを待っているのざぞ、それでもせぬよりはましぞ、そこに光現れるぞ。光現れると、道はハッキリとわかりて来るのぞ、この方にだまされたと思うて、言う通りにして見なされ、自分でもビックリするように結構が出来てるのにビックリするぞ。

富士の御《おん》山に腰掛けて、この方世界中護《まも》るぞ。辛酉《かのととり》、結構な日と申してあるが、結構な日は恐い日であるぞ。天から人が降る、人が天に昇ること、昇り降《くだ》りで忙しくなるぞ。てんし様御還《おう》り願う時近づいて来たぞよ。奥山に紅葉《もみじ》あるうちにと思えど、いつまでも紅葉ないぞ。

（昭和十九年九月の二日、ひつ九☉）

【解説】

冒頭の「**嵐の中の捨小船《すておぶね》**」という表現は、第三巻「富士の巻」第十五帖にも「**嵐の中の捨小船《すておぶね》ぞ、どこへ行くやら行かすやら……**」という言い回しで登場しているが、両者は同じ意味ではない。

「富士の巻」第十五帖は「大峠の最終戦争」を述べたものだが、こちらは明らかに「大東亜戦争」

の状況である。

本巻第三帖で「**同じことばかり繰り返すと臣民申しているが、この方の申すことみな違っていることばかりぞ**」とあるとおりなのだ。

日月神示はこのように、「同じ言葉や表現」であっても意味が異なる場合がある。

本帖が何故「大東亜戦争」の状況かと言えば、「**今その通りになりておろうがな、どうすることも出来まいがな**」とあるからである。「今」と断定している以上、「将来」のことでも「神界」のことでもない。

この当時の大東亜戦争が如何《いか》なる状況であったかと言えば、それは日本の負け戦の連続で、なす術《すべ》がないほど追い詰められていた頃である。

まず昭和十九年六月の「マリアナ沖海戦」で大敗し日本の空母戦力がほぼ喪失、七月にはサイパン島日本守備部隊が玉砕《ぎょくさい》し「絶対国防圏」が破綻《はたん》する。

その責任を取る形で、同月、東條英機《とうじょうひでき》内閣が総辞職、八月、テニアン島、サイパン島の日本守備部隊玉砕、九月にはパラオ諸島ペリリュー島に米軍が上陸、そして十月、台湾沖航空戦で多くの航空戦力を失い、遂にはフィリピンのレイテ沖海戦で日本の連合艦隊戦力は事実上壊滅《かいめつ》したのである。

こうして日本本土を護《まも》る盾《たて》は次々に連合国軍に奪取《だっしゅ》され、最後に残った盾は沖縄と硫黄島《いおうじま》であった。両島における死闘と悲劇は映画にもなり、特によく知られている（硫黄島の呼称は、二〇〇七年九月に「いおうとう」に統一されている)。

こういう状況下で日本が採《と》った起死回生を賭けた最後の作戦が「**特別攻撃**」という名の「体当たり戦法」であった。最も有名な「**神風《しんぷう》特別攻撃隊**」は海軍で編成されたが、この初陣《ういじん》は昭和十九年十月二十一日、前述のレイテ沖海戦のときであった。

このような状況を概観すれば、日本が「**嵐の中の捨小船《すておぶね》**」であって「**どうすることも出来まいがな**」と神が指摘することとピタリ符合する。全く否定しようがない。

「**船頭どの、苦しい時の⦿頼みでもよいぞ……せぬよりはましぞ**」とは、日本の臣民に対する神の情けであろうか。

「**神を祀りて**」くれれば「**光が現れて、道がハッキリとわかる**」と示されているが、指導的立場の臣民は最後までそうしなかった。

「**富士の御《おん》山に腰掛けて、この方世界中護《まも》るぞ**」とは、「富士」が国祖様(=国常立大神)の座《いま》す神の座であって、そこから世界中を護って「ミロクの世」へ導くという意味であろう。

このことは、「てんし様」の皇居(=宮殿)が富士に創建されることと表裏一体である。

実はこの「**富士の御《おん》山に腰掛けて、……**」と極めてよく似た言い回しが『大本神諭《おおもとしんゆ》』にある。


三千世界一度に開く梅の花、うしとらの金神の世になりたぞよ。須弥仙山に腰をかけ、鬼門の金神まもるぞよ。

（明治二十五年『大本神諭』第一集）

右の「須弥仙山に腰をかけ、鬼門の金神まもるぞよ」と、本帖の「富士の御山《おん》に腰掛けて、この方世界中護《まも》るぞ」は形も内容も酷似しており、同一の仕組を述べているのは間違いない。

『大本神諭』の「須弥仙山《しゅみせん》」とは、艮《うしとら》の金神《こんじん》（＝国常立大神）が腰掛ける座、即ち「世界の中心」であるが、一方の日月神示では「富士」が「世界の中心」であって、そこに国常立大神が腰を掛けるというのであるから、結局両方とも全く同じことを述べているのである。

ここからも、日月神示が「大本」の流れを引き継いでいることが明らかである。

故に世界の中心である「富士」に、「ミロク世界」の王であられる「てんし様」の宮殿が建てられるのは当然のことである。

次の「辛酉《かのととり》、結構な日と申してある」とは、第三巻「富士の巻」第十八帖の、「神々様みなお揃《そろ》いなされて、雨の神、風の神、地震の神、岩の神、荒《あれ》の神、五柱七柱《いつはしらなな》、八柱《はち》、十《と》柱の神々様がチャンとお心合わしなされて、今度の仕組の御《おん》役決まりてそれぞれに働きなされることになりたよき日ぞ。辛酉《かのととり》はよき日と知らしてあろがな」に対応している。

かいつまんで言えば、「岩戸開き」に任ずる「十柱の神々」が集結した日が「辛酉《かのととり》の日」であった。

だからこの日を「結構な日」とか「よき日」と言うのはそのとおりであるが、本帖では、「**結構な日は恐い日であるぞ。天から人が降る、人が天に昇ること、昇り降《くだ》りで忙しくなるぞ**」と謎の言い回しをしている。

神示特有の「逆説的表現」である。

ただ、ここにはヒントがあるから解くのはそれほど難しくない。

つまり「**結構**」とは「**人が天に昇る**」ことであり、反対に「**恐い**」とは「**天から人が降る**」という構図であることに気づけばよいのだ。

実際に人が天に昇ったり降《くだ》ったりするわけがないから、これは明らかに比喩《ひゆ》である。

何の比喩かと言えば、それは次のようになる。

◉**天に昇る人　＝　神人　＝　身魂磨きが進んだ人**

◉**天から降る人　＝　獣　＝　身魂を磨こうとしない人**

要は「十柱の神々」が活動されると、「岩戸開き」に向けて世界の動きが烈《はげ》しくなり、結果として臣民は「神人」と「獣」に二分されるということである。

だから「結構な日」であり、同時に「恐い日」であるという逆説が成立するのである。

運命の分かれ道を決めるもの、それが「**身魂磨き**」である。神が「身魂を磨け」と口を酸っぱくして仰《おっしゃ》る裏には、このような事情があるのだ。

「**てんし様御遷《おうつ》り願う時近づいて来たぞよ**」については、これと同様の神示が以前にも登場していたことを覚えておられるだろうか？

第二巻「下つ巻」第十六帖に、「**てんし様を都《みやこ》に遷《うつ》さなならん時きたぞ**」と示されている部分である。

この部分の解釈は、「ミロクの世」になれば「てんし様」のお住まい（＝皇居）を富士に遷すこと、もう一つは、昭和二十年八月八日、奥山に「てんし様」を祀って、降臨の型を出したことであった。

本帖でも両方の解釈が成立するが、臣民に直接関係があり、なおかつ時間的に近いものを優先すれば、後者を重く見るべきであろう。

最後に「**奥山に紅葉《もみじ》あるうちにと思えど、いつまでも紅葉ないぞ**」とあるが、これも「大本《おおもと》」由来である。

まず「奥山」とは大本開祖の出口直《でぐちなお》が、明治三十四年旧九月八日から一週間、「岩戸隠れ」した綾部《あやべ》郊外の弥仙山《みせんざん》のことを指す。『大本神諭』にも次のように出ている。

**奥山の紅葉あるうちにと思えども、それは心ざ。心でくみとるがよいぞよ。**

（明治三十四年旧九月十六日『大本神諭』第二集）

日月神示の「奥山」が大本由来であることは疑いないが、「**奥山に紅葉《もみじ》あるうちにと思えど、いつまでも紅葉ないぞ**」とはどういう意味であろうか。

出口直が奥山（＝弥仙山）に「岩戸隠れ」しているが、これは「岩戸閉め」と重なる。

閉められた岩戸はいつか開かなければならないが、事実、大本では出口直の「岩戸隠れ（＝岩戸閉め）」から一年七カ月後の、明治三十六年旧四月二十八日に「岩戸開き」の神事を行っている。

そうすると「**奥山に紅葉《もみじ》あるうちにと思えど**」とは、「奥山に紅葉あるうちに、岩戸開きが成就することを思った（＝願った、祈った）」という意味であろう。

そして「**奥山に紅葉《もみじ》あるうちに**」とは、「紅葉」は秋であるから「実りの秋《とき》」を意味し、全てが散り終わってしまう「冬」が来る前に「神仕組が成就する」ことを願う気持ちを表したものであろう。

非常に情緒的な言い回しであるが、言わんとするところは「**（神仕組の）時節どおりに**」という解釈でよいと思われる。

しかし「**いつまでも紅葉ないぞ**」とも示されていて、臣民の心を引き締めようとされている。

## 第九帖（一一六）

ひふみの秘密出でひらき鳴る、早く道展き成る、世ことごとにひらき、世、なる大道で、神ひらき、世に神々満ちひらく、この鳴り成る神、ひふみ出づ大道、人神出づはじめ。

（昭和十九年九月二日、ひつぐのかみ）

**【解説】**

本帖は第一巻「上つ巻」第十六帖と同様、神示解読を試みる者にとっては超難関である。具体的な意味は取りにくいし、それを人間の言葉では表し切れないもどかしさがある。私はこれもやはり「霊界の文章表現」であろうと考えている。

全体としては、「**ひらく、展《ひら》く**」ということに力点が置かれ、そのポイントが「**ひふみの秘密**」が出ることだと述べているようである。

「**ひふみの秘密**」が「一二三《ひふみ》の仕組」と同一だとすれば、これは「ミロクの世」に至る最初の仕組であって、具体的には「岩戸開きに必要な神々を祀る（＝降臨）」ことであるから、これが「**世に神々満ちひらく**」に通じると思われる。

## 第十帖（一一七）

一二三《ひふみ》の裏に〇一二《ひふ》、三四五《みよいつ》の裏に二三四《ふみよ》、五六七《みろく》の裏に四五六《よいむ》、御用あるぞ。五六七《みろく》済んだら七八九《なやこ》ぞ、七八九の裏には六七八《むなや》あるぞ、八九十《やこと》の御用もあるぞ。だんだんに知らすから、これまでの神示《ふで》よく心に入れて、ジッとしておいてくれよ。

（昭和十九年九月の三日、ひつくのか三）

**【解説】**

本帖も抽象的でかつ難解である。

三つの数字で表される「御用（＝仕組）」のオンパレードであるが、これまでに登場したものは、「一二三《ひふみ》」、「三四五《みよいづ》」、「五六七《みろく》」の三つの御用であった。

それが、「裏の御用」も含めると、何と一挙に「九つの御用」に増加している。

本帖にはそれぞれの御用の意味は何も書かれていないので推測するしかないが、読み取れる限りは読み取っておきたい。

まずここに示された「表」と「裏」のそれぞれの御用を左にまとめてみよう。

【表の御用】

一二三
三四五
五六七
七八九

これをまとめると、「一、二、三、四、五、六、七、八、九」となる。

【裏の御用】

〇一二
二三四
四五六
六七八
八九十

これをまとめると、「〇、一、二、三、四、五、六、七、八、九、十」となる。

日月神示は随所で「表と裏」について述べており、両者は本来「表裏一体（＝切り離せない）」であるとしている。

これは既に述べた「陽と陰」の考え方に通じるものであるから、理解しやすい。

ここに「表」とはこの「地上界に直接働き顕現《けんげん》する御用」のことであり、「裏」とは目に見えない「神界や幽界が地上界を支える御用」と考えればよいと思われる。

この意味では、「表」は「裏」という基盤の上に立つということもできるが、これを証明するかのように「表」の数字が「一二三四五六七八九」の九つなのに対し、「裏」の数字は「〇一二三四五六七八九十」の十一個であり、「〇」と「十」が多いことがわかる。

「〇」とは地上界的には「何も無い」ことだが、神界では「全ての元」であると考えられるし、「十」は一つ桁が上がることだから、つまりは一つ上の次元を意味するすると「表」は、「表にない〇と十を含む裏」によって支えられていると解釈することができるであろう。「裏の御用」が「〇」と「十」を含む「五つ」の御用であるのに対し、「表の御用」は「四つ」しかないこともそれを裏づけている。

これが本帖から見えてくる「表」と「裏」の関係である。


また「表」と「裏」の各仕組を見ると、必ず数字がダブッていることに気がつくはずだ。「表の御用」は「三、五、七」が、「裏の御用」は「二、四、六、八」がダブッている。

これは「前者の終わり」＝「後者の始まり」を表し、それが糊代《のりしろ》となって、全体としては途切れることのない連続した仕組であることを示していると考えられる。

余談だが「表のダブリ＝三、五、七」は奇数であって、「奇数＝陽数」でもあるから、結局「表＝陽」という関係が得られる。

これに対して裏のダブリは「偶数」であり、「偶数＝陰数」から「裏＝陰」という関係になる。「表＝陽」、「裏＝陰」という関係性は感覚的にもわかりやすい。

個々の御用については、これまで神示に登場したのが「一二三、三四五、五六七」の御用のみであって、それらについてはある程度の説明はあるが、他の御用については全く記述がなく具体的な意味は不明である。

本帖の最後「**だんだんに知らすから、これまでの神示《ふで》よく心に入れて、ジッとしておいてくれよ**」に従う他あるまい。

**第十一帖（一一八）**

この神示、言葉として読みて下されよ、神々様にも聞かせてくれよ、守護神どのにも聞かしてくれよ、守護神どのの改心まだまだであるぞ、一日《ひとひ》が一年になり、十年になり百年になると、目がまわりて真底からの改心でないとお役に立たんことになりて来るぞ。

（昭和十九年九月四日、一二か三）

**【解説】**

**「この神示、言葉として読みて下されよ」**とは、「声に出して読む」こと、つまり「音読せよ」ということである。本帖以外にも「音読」を指示する帖は多い。

その理由を、**「神々様にも聞かせてくれよ、守護神どのにも聞かしてくれよ」**と神が述べているのは注目に値する。

何故なら、常識的に考えて「世の元からの大神」や「神界」におられる神々に、人間が声に出して読んで聞かせる必要は何もないはずだからだ。

これではまるで、子供が大人に本の「読み聞かせ」をしているようなものである。考えただけでも滑稽《こっけい》だ。

ところが**「守護神どのの改心まだまだであるぞ」**とあるとおり、臣民の守護神は「改心」ができていないと指摘されている。

このことはつまり、守護神の神格は「改心」ができていない臣民と同じレベルだという意味になる。

すると神示を読んで聞かせる神々も守護神と同一レベルと考えることができるから、これらの神々もまた「改心」ができていないということになる。

「改心ができていない神々」とは奇妙な言い方だが、要するにこれは「世の元からの神々」ではなく「途中からの神々（＝神話的にはイザナギ神が独り神となってから生んだ神々）」と「悪神、邪神」のことを指しているのであろう。

これらの神々を改心させるために、「声に出して神示を読め」という意味になる。

臣民が声に出して神示を読めば、何故守護神や悪神が改心（少なくとも改心の動機づけ）するのかは推測するしかないが、おそらくは神示の「言霊《ことたま》」が鳴り響いて届くからであろうと考えられる。「言霊」とは「言葉そのものに霊力が宿っている」ことだと考えて、何か特殊な言葉を唱えればその「霊力」によって岩戸が開き世界が変わるとか、或いはアセンションできるなどとして、これを「一厘の仕組」だと主張する人がいるようである。

しかしながら、それだけで岩戸が開くのなら何も苦労は要《い》らないわけで、やはりこのような「言霊」説には同意しかねる。

ただ聖書でも創造主の「言葉」によって世界が創られたとあるように、私自身「言葉」と「霊力」の関係を否定するものではない。

しかし最も大事なことは、「誰がその言葉を発するのか」という点であり、誰でもよいというわけではない。

創造主という根元神が発した言葉であるから、「言霊」となって世界が顕現したのであって、言葉だけの力でないことは明らかである。

ここから類推すれば、神示を「音読」するのは「身魂が磨けた」臣民がベストであり、最低でも「身魂磨きに精進している」臣民でなければならないことがわかる。

このような臣民が音読する神示なら、間違いなく「言霊」となって守護神にも神々にも届き、少なからず善い影響を与えるに違いない。

最後の、「**一日《ひとひ》が一年になり、十年になり百年になると、目がまわりて真底からの改心でないとお役に立たんことになりて来るぞ**」とは少しわかりにくい言い回しだが、要は「時間が経《た》つほど改心は難しくなる」という意味であろう。

善は急げである。神もまた急《せ》いておられる。

## 第十二帖（一一九）

遠くて近きは男女《なんにょ》だけでないぞ、⦿と人、天と地、親と子、食べる物も遠くて近いがよいのざぞ、神粗末にすれば神に泣くぞ、土尊べば土が救ってくれるのぞ、尊ぶこと今の臣民忘れているぞ、⦿ばかり尊んでも何もならんぞ、何もかも尊べば何もかも味方ぞ、敵尊べば敵が敵でなくなるのぞ、この道理わかりたか、臣民には〇、（著者注：神示原文は⦿）と同じ分け御霊《みたま》授けてあるのざから、磨けば⦿になるのぞ。神示は謄写《とうしゃ》よいぞ、始めは五十八、次は三四三ぞ、よいな。

（昭和十九年八月の五日、ひつくのか三）

**【解説】**

**「遠くて近き」**とは、典型的な「逆説」であり、日月神示の大きな特徴である。

勿論そこには重大な意味が含まれている。

ここで言う「遠い、近い」が、単に物理的・空間的な距離を指しているのでないことはおわかりになるだろうが、しかしこれをわかりやすく説明するにはどう言えばよいのだろうか。

例えば、「北朝鮮」のような国のことをよく「近くて遠い国」と言うが、ここにヒントがあるようだ。

この場合の「近い」とは勿論「（物理的な）距離」のことで、事実日本にとってはすぐそこにある外国に他ならない。東京からの直線距離で比べれば、沖縄より平壌《ピョンヤン》のほうがよほど近いのである。

これに対して「遠い」とは距離とは無関係であり、この場合は「国交がない」こと、「国家体制や統治機構が異なる」こと、「価値観や思想が共有できない」ことなどであり、端的には「仲良くできない国」ということになる。

つまり、気持ちの上ではとんでもなく「遠い国」である。

よって本帖の「遠くて近き」もこのように考えればよいであろう。

「**男女**《なんにょ》」とは、「遠くて近い」ものの中で一番わかりやすいものではないだろうか？

成人した大人であれば、誰でも実感しているだろう。

「遠い」という意味では、男と女は「陽と陰」であるから、基本的な性格は正反対であるし、「近い」と言えば「夫婦」や「恋人」がそうであるように、これほどお互い同士を必要とする存在もないだろう。

むしろ「一体」と言ってもよいくらいの近さである。

私はこれを、一枚の紙の「表と裏」に例えられると思う。

どんなに薄い紙でも必ず表と裏があるが、表が裏になること（その逆も）は決してないから、両者は限りなく「遠い」と言うことができるし、一方で、紙としては一体であるから、これほど「近い」ものもない。

つまり無限に「**遠い**」けれども背中合わせのように「**近く**」て、つまるところ「**一体**」なのである。

私は神がこの帖で仰《おっしゃ》りたいことは、全ては見る視点の違いから生ずることであって、究極のところは「遠い」＝「近い」＝「一体」だということに行き着くのであるということだと思う。

この観点で残りを見ていくと、「**⦿と人**」、「**天と地**」、「**親と子**」などは全て同様に考えることができる。これらは文字どおり「遠くて」、「近くて」、「一体」なのである。

「**食べる物も遠くて近いがよいのざぞ**」とは、食べ物に関することなので右とは少し状況が異なる。食べ物に関して「遠い」とは、（動物としての）人間の性から遠く離れた「植物性の食べ物」という意味であり、またこの場合の「近い」とは物理的な距離のことで、自分が住んでいる場所のなるべく「近くで採れたもの」というように理解すべきである。

今風《いまふう》に言えば、食物は「地産地消《ちさんちしょう》」が望ましいということになる。

つまり一般論として言うなら、臣民にとって「よい食べ物」とは、「自分の近くで採れた五穀・野菜・果物などの植物性食品」ということになる（詳しくは、『奥義編』第三章　日月神示と食を参照されたい）。

中ほどの「**神粗末にすれば神に泣くぞ、土尊べば土が救ってくれるのぞ……**」以下は、相応の理から言っても当然のことであってここは理解しやすいと思うが、一点「**尊ぶこと今の臣民忘れているぞ**」とある点は肝に銘じなければならない。

これは神が臣民に与えた強い戒《いまし》めである。

「尊ぶ」――。これについて読者の皆さんに質問させていただきたい。

あなたは神に、配偶者に、親に、子に、天に、地に、食べ物に、その他自分を生かし育《はぐく》んでくれる一切のものを尊んでおられるだろうか？　心から感謝しているだろうか？

そして、神の子である「自分」の神性を尊敬し感謝しているだろうか？

最後の「**神示は謄写《とうしゃ》よいぞ、始めは五十八、次は三四三ぞ**」は、ここに来てやっと神が日月神示の印刷（＝謄写印刷《とうしゃいんさつ》）が許されたことを指している。

ただし、ここで言う「印刷」とは後述する理由で、神示原文ではなく「翻訳文」のことであると考えるべきである。

神示の印刷に関しては、最初に第二巻「下つ巻」第五帖で「**この神示印刷してはならんぞ**」と示されており、その二カ月後に本帖が降ろされて「印刷」ＯＫとなっている。

ところがそれが「神示原文」なのか「翻訳文」なのかは明示されていないので、この段階ではどちらとも言い切れない歯がゆさがある。

それがハッキリするのは本巻第三十帖であり、そこには「**神示は印刷することならんぞ、この神示解いて、臣民の文字で臣民に読めるようにしたものは一二三《ひふみ》と申せよ。一二三は印刷してよいのざぞ。印刷結構ぞ**」と示されている。

右の帖から「神示原文」は印刷してはならず、翻訳した「一二三《ひふみ》」は印刷してよいことがわかるのである。

「日月神示」のことを「ひふみ神示」と呼ぶことがあるのも、ここに由来するのであろう。何はともあれ、ここに来て神示翻訳文の謄写印刷が許可されたことになる。

ただ無制限な印刷は厳に戒められていて、そこにはしっかり印刷部数の指示がある点に注目すべきである。

**「始めは五十八、次は三四三ぞ」**とあるように、一部単位で厳密な数が示されているが、これは当然配布すべき「因縁《いんねん》の身魂《みたま》」たちの数を神が考慮した結果であろう。

ところで「謄写（印刷）」というものを現代の若い人たちは知らないのではないだろうか？

今は印刷と言えば、個人でもパソコンと高性能プリンターが当たり前の時代だから、「謄写？何それ？」と言われるかもしれない。

謄写印刷とは、岡本天明の時代は勿論、戦後もしばらく使われていた印刷方法であった。

私自身、昭和四十年代の後半、陸上自衛隊勤務時代に、謄写印刷によって資料作りなどをした経験がある。

ご存じない方のために少し説明しておくと、「謄写印刷」とは、蠟引《ろうび》きの原紙をやすり板にのせ、その上を鉄筆で刻字して版を作り、ローラーで押圧することによって、蠟の脱落した刻字部分からインクをにじみ出させて印刷する方法である。

別名、ガリ版とか鉄筆版とも言う。

ほとんどが手作業であって、熟練しないとインクで手を真っ黒にしながらやる羽目になる。

岡本天明の有力ブレーンであった高田集蔵《たかだしゅうぞう》という哲学者が、自前の「謄写版」を所持していたようで、おそらく彼が謄写印刷に協力したものと思われる。

なお、この第四巻「天つ巻」の帖は、降ろされた日付が極めて特殊な構成になっているので、少し説明しておきたい。

第四巻は、昭和十九年八月三十一日から同年九月十四日の間に降ろされたことになっている（第四巻の最初のページにそう書かれている）。

ところが本帖降下の日付は何と八月五日なのである。

つまり最初のページに書かれた日付より二十六日も前の神示ということになってしまう。

私は最初にこれを発見したとき、岡本天明の単純ミスで、「九月」を「八月」と書き間違えたのではないかと思った。そこだけ直せば矛盾は何もないと思われたからだ。

しかし、である。それが本帖一箇所だけならまだしも、この後も連続していくつも「八月」が出てくるのである。こうなるとさすがに単なるミスでは済まなくなってくる。

全体像を明らかにするために、各帖が降ろされた日付を整理してみよう（※は八月に降ろされている帖を表す）。

第十一帖………九月四日

第十二帖………八月五日　※

第十三帖……九月六日
第十四帖……八月七日　※
第十五帖……八月七日　※
第十六帖……八月七日　※
第十七帖……八月七日　※
第十八帖……八月七日　※
第十九帖……八月七日　※
第二十帖……八月七日　※
第二十一帖……八月七日　※
第二十二帖……九月八日
第二十三帖……八月九日　※
第二十四帖……九月十日
第二十五帖……九月十日

右でおわかりのように、「八月（※印）」の帖は何と十回も出てくるし、しかもその間に「九月」の帖が二箇所入っているから、とても単純ミスとは思われない。

よってここには、深い神意・密意《みつい》があると考えられるのである。

全くの推測であるが、私なりの解釈を述べれば、これだけ「八月」が連続して出てくるのは、「八月」には何か神仕組上重大なことが起こるという暗示ではないだろうか？

「八月」は毎年巡ってくるが、歴史上の重大事という観点からは、「**昭和二十年八月**」が筆頭に来る。これは明白である。

このとき日本は原爆を二発も落とされ、それまで中立を守っていたソ連（当時）が突然日本に宣戦布告して満州などに侵攻したため、万策尽きた日本が昭和天皇のご聖断によって連合国への降伏を決定し、大東亜戦争の敗戦国となったときである。

一見日本にとっては不幸にも見える「原爆」と「敗戦」であるが、神仕組上それによって日本の最初の「岩戸」が開いたとされるから、「八月」には「岩戸開き」という極めて重大な意義が秘められていたのである。

こう考えれば、「八月」はミスでも何でもなく、神の密意を示す暗示だったということになる。

また「八月」の帖の間に入っている「九月」の帖に注目し、第十三帖が降ろされた「九月六日」の「六」を「昭和二十年八月六日」に重ねて考えれば、これは誰もが知る「広島への原爆投下」の日を指すことになる。

同様に第二十二帖が降ろされた「九月八日」の「八」を「昭和二十年八月八日」に重ねれば、こちらは岡本天明たちが奥山に「**てんし様（＝スメラミコト）**」を奉斎《ほうさい》した日であり、「てんし様」の御神霊が地上界に降臨される型が出された日と一致する。

この二つを繋《つな》げば、日本に原爆が落とされて「岩戸」が開き、「ミロクの世」の王になられる「てんし様」降臨の型が出される時期は、「昭和二十年八月六日と八日」であると解けるのだ。

このことを明示しているのが第十二巻「夜明けの巻」であるが、「夜明けの巻」は「基本十二巻」の最終巻であって、文字どおり「日本の夜明け」を告げる巻である。

よって私自身は、推測とはいえ、この「八月」と「九月」の解釈が神意に適っていると確信している。

ただあまりにも話ができすぎているようにも感じられ、この謎が解けたときはしばらく戸惑い感から抜け切れず、放心状態だったことを白状する。

## 第十三帖（一二〇）

空に変わりたこと現れたなれば、地に変わりたことがあると心得よ、いよいよとなりて来ているのざぞ。⦿は元の大神様に延ばせるだけ延ばして頂き、一人でも臣民助けたいのでお願いしているのざが、もうおことわり申す術《すべ》なくなりたぞ。

玉串⦿に供えるのは衣《ころも》供えることぞ、衣とは⦿の衣のことぞ、⦿の衣とは人の肉体のことぞ。臣民を捧げることぞ、自分を捧げることぞ、この道理わかりたか。人に仕える時も同じことぞ、人を神として仕えねばならんぞ、神として仕えると神となるのぞ、ざからもてなしの物出す時は、祓い清めて⦿に供えると同様にしてくれよ。

食べ物今の半分で足りると申してあろが、神に捧げたものか、祓い清めて神に捧げると同様にすれば半分で足りるのぞ、天の異変気つけておれよ。⦿くどう気つけておくぞ。⦿世近づいたぞ。

（昭和十九年九月六日、一二のか三）

【解説】

冒頭の「**空に変わりたこと現れたなれば、地に変わりたことがあると心得よ、いよいよとなりて来ているのざぞ**」は、具体的な事象が示されていない。

しかし前帖で解説したように、この神示が降ろされた「九月六日」の「六」を昭和二十年八月六日に重ねれば、「**空に変わりたこと現れたなれば**」とは人類初の「原爆投下」とそれによって生ずる「きのこ雲」と解釈することができる。

その結果「**地に変わりたことがある**」とは、たった一発で広島という都市を壊滅させた甚大《じんだい》な被害とその後の放射線被害が該当するだろう。

「**いよいよとなりて来ているのざぞ**」とあるのも、この帖が降ろされて一年もしないうちに原爆が投下されたから、時期的にもピタリと符合する。

このように冒頭部分は、「原爆投下」を指す預言と見ることができる。

しかし日月神示の預言は「両義預言」が多いから、これを「大峠」の前兆現象と解釈することも可能である。

実際、今の我々にとっては、過去の原爆よりもこれから来る「大峠」のほうがよほど重要であるから決して無視できないのである。

私は「大峠」のクライマックスは「地球のポールシフト（＝極移動）による南北逆転」であるとの仮説に立っているから、**「空に変わりたこと」**とは地球のポールシフトに関係する宇宙的な何らかの異常現象であろうと考えている。

ただ本帖だけではとても「宇宙的な異常現象」の正体にまでは踏み込めないので、これも繰り返し述べているように、拙著『ときあかし版』大峠の章を参照していただきたい。

**「㋹は元の大神様に延ばせるだけ延ばして頂き、一人でも臣民助けたいのでお願いしているのざが、もうおことわり申す術《すべ》なくなりたぞ」**とは、「神の情《なさ》け」も限界に来てしまい、これ以上「大峠」の時期を先送りできないという意味であろう。

何故そうなったのかは、もう説明の要もないだろう。

そう、臣民の「身魂磨き、メグリ取り」が一向に進まないからである。

今までは国祖様が世の元の大神様にお願いして、「大峠」の到来を延ばせるだけ延ばしていただき、一人でも多くの臣民を救おうとされていた。これが「神の情け」である。
だがもうサイは投げられた。
「大峠」は必ず到来するし、その前兆として「空に異常現象」が起こるのである。

中の段落に移って「**玉串⦿に供える**」に関する示しは、極めて深遠な神理《しんり》を述べている。
「玉串《たまぐし》」とは、一般的には榊《さかき》の小枝に木綿《ゆう》または紙垂《しで》を付けて神前に供えるものである。神社での正式参拝や「神葬祭《しんそうさい》（＝神道による葬儀）」などで、玉串を供えた経験をされた人もあるだろう。

では玉串を供えることにどんな意味があるかというと、一般には「玉串に自分の心をのせて神に捧げる（＝玉串に祈願を込める）」ことだと説明されているようである。

しかし日月神示はそのような人間の意義づけを一蹴《いっしゅう》し、「**玉串⦿に供えるのは衣《ころも》供えることぞ、衣とは⦿の衣のことぞ、⦿の衣とは人の肉体のことぞ。臣民を捧げることぞ、自分を捧げることぞ、この道理わかりたか**」と喝破《かっぱ》している。

整理すると「**玉串を供える**」＝「**⦿の衣《ころも》を供える**」＝「**人の肉体を供える**」＝「**自分を捧げる**」ことであるという。

即ち「玉串」を供えることの究極の意味とは、「自分自身を神に捧げる」ことである。

神に捧げるというと、原始的な宗教では「生贄《いけにえ》を捧げる」儀式などもあったが、勿論そんなことではない。本帖の神意は「自分を神に捧げる」＝「神人一体」になることであり、神道で言う「惟《かん》神《なが》の道《みち》」のことなのである。

玉串には「榊」の小枝を用いるが、この小枝を自分の化身に見立てて神に捧げることが本質である。「榊」を分解すると「木」と「神」になって「神の木」となることも意味深である。

もう一つ大切なことは「**人に仕える時も同じことぞ、人を神として仕えねばならんぞ**」、また「**もてなしの物出す時は、祓い清めて㋹に供えると同様にしてくれよ**」とあることで、これは他人に「仕えること」も他人を「もてなすもの」も、「玉串」を捧げるときと同じようにせよという意味である。

この神意は何だろうか。

ズバリ言うなら、それは「自分以外の人もものも全ては神（の顕れ）であるから、神に玉串を捧げるようにして仕えよ」ということであろう。

「**この道理わかりたか**」とはここまで含んでいる。

最後の段落では、「**食べ物今の半分で足りると申してあろが、神に捧げたものか、祓い清めて神に捧げると同様にすれば半分で足りるのぞ**」とあり、一見がらっと景色が変わっているように感じられるが、「食も神に捧げよ」という意味では前の段落の続きでもある。

食べ物も神の顕《あらわ》れであるから、玉串を捧げるのと同様にすれば「**今の半分で足りる**」という意味である。

あくまで「食べ物＝神」という視点がなければならない。

なお「食」については他の巻でも非常に多く降ろされているため、この帖のみからではとても全体像をつかみ切れない。

「今の半分で足りる」というのは勿論真実であるが、これを含め「食」については様々なテーマが含まれているので、詳しくは『奥義編』第三章　日月神示と食を参照していただきたい。

一つだけここで強調しておきたいのは、今の臣民は絶対的に「食いすぎ」ているということである。そして「食いすぎ」は例外なく新たなメグリを積むことになるのである。

最後に「**天の異変気つけておれよ**」と出ているが、これは冒頭の「**空に変わりたこと現れたなれば**」の繰り返しであろう。

日月神示が繰り返し述べるということは、それだけ重大な何かが起きるという暗示であるから、「**〇くどう気つけておくぞ**」とあるように、我々もよくよく「空」に注意しなければならない。

## 第十四帖（一二一）

海一つ越えて寒い国に、まことの宝隠してあるのざぞ、これがいよいよとなりたら、⦿が許してまことの臣民に手柄致さすぞ、外国人がいくら逆立ちしても、⦿が隠してあるのざから手は着けられんぞ、世の元からのことであれど、いよいよが近くなりたから、この方の力で出して見せるぞ、ひつくのか三。ビックリ箱が開けて来るぞ。

（昭和十九年八月七日）

【解説】

この帖は正直なところ、確信のある解釈をするのは困難である。

**「海一つ越えて寒い国」**、**「（神が隠した）まことの宝」**とあるが、本帖にはこれが何を指すのか具体的な手掛かりが示されていない。

思いっきり想像を逞《たくま》しくする人なら、「まことの宝」こそが「一厘の仕組」であって、それで世をグレンと引っ繰り返して「ミロクの世」にするのだと解釈するかもしれない。

「宝」の実態は不明だが、例えば大神力が込められた「宝珠《ほうじゅ》」とか、超科学で作られた「究極兵器」のようなものをイメージするだろう。

このような人は意外と多いのではないだろうか。

しかしこうなると完全に神話かSFの世界の話になるし、何度も述べているようにそのようなので「ミロクの世」が到来するのなら、何も「身魂磨き」を強調する必要などない。

よって、私はとてもこのような説を採る気にはなれない。

そこで確信はないが推論として私見を述べるなら、この帖は昭和二十年八月の大東亜戦争末期に、当時のソ連が突然対日宣戦布告を発し、満州や南樺太《みなみからふと》、千島列島に侵攻してきたことを指している可能性がある。

まず日本から見て「**海一つ越えて寒い国**」と言えば、第一に当時のソ連（ロシア）が連想される。

そこに「**まことの宝隠してあるのざぞ**」とは、おそらく日月神示流の「**逆説**」ではないだろうか。

つまりソ連がいきなり日本を攻めてきたことは一見「悪」に見える行為だが、これを逆説的に「まことの宝」と呼んでいるのではないか。

私がこのように考えたのは、日本が原爆を落とされ大東亜戦争に負けたことを、神が「岩戸が開いた」と大喜びしている神示があるからである。（第十二巻「夜明けの巻」第十一帖、同第十四帖）

これこそ完全な逆説であるから、これと同様に考えれば、日本がポツダム宣言を受託して降伏する最も大きな要因となったソ連軍の侵攻を「まことの宝」と呼んでも矛盾は生じない。

実は、日月神示には「ソ連（ロシア）」に関する次のような神示がある。

オロシヤにあがりておりた極悪の悪神《あくがみ》、いよいよ⦿の国に攻め寄せて来るぞ。北に気つけと、北がいよいよのギリギリざと申してくどう気つけてありたこと近うなりたぞ。⦿に縁深い者には、深いだけに見せしめあるのざぞ。国々もその通りざぞ。⦿には依怙《えこ》無いのざぞ。ロシアの悪神の御《おん》活動と申すものは、神々様でもこれは到底《とうてい》かなわんと思うように烈しき御力《おんちから》ぞ。

（第七巻「日の出の巻」第七帖）

右はロシアに降臨した「極悪神《ごくあくしん》」が、神の国（＝日本）に攻めてくることを預言した帖であるが、これは確かに昭和二十年八月九日、ソ連軍の侵攻によって完全に成就している。

本帖と右の帖が同一の内容を示すとすれば、「まことの宝」とはロシアの「極悪神」を指すことになるが、これもまた完全な逆説である。

そして私には、このことがよく納得できる。

何故ならばこれは「悪の御用」であって、悪の御用があるからこそ「マコトの善」が覚醒《かくせい》するという神仕組が根底にあるからである。

神にとっては「善の御用」も「悪の御用」もどちらも「宝」なのである（「悪の御用」は極めて重要である。詳しくは拙著『三部作』全般にわたって書いている）。

なおこれとよく似たものが、明治三十六年旧七月十三日の『大本神諭』に、「**口国から始まりて**

**大戦があると申してあるが、あちらには深い大きなたくみ（著者注：しくみ）いたして居るなれど……**」という具合に示されている。

これは明治三十七年二月に勃発した「日露戦争」の預言とされているが、重要なのは戦争そのものよりも「ロシアに深い大きな仕組をしている」と読めることで、これが日月神示の言う「オロシアの極悪神（の仕組）」であると考えることができる。

我々にとってはあくまで「逆説」としてではあるが、ロシアの「極悪神」は「日露戦争」、「大東亜戦争」はもとより、来《きた》るべき「大峠の世界最終戦争」においても、神国日本に敵対する外国勢力の筆頭になると考えられる。

それが「悪の御用」としての「極悪神」の役割であり、神が仰《おっしゃ》る「まことの宝」、「深い大きな仕組」なのではないだろうか？

右の前提で見た場合、「**いよいよとなりたら、⦿が許してまことの臣民に手柄致さすぞ**」というのは、まずソ連が当時の満州帝国（独立国ではあったが事実上日本の属国）に侵攻し、これによって約六十万人の日本人が捕虜となってシベリアなどに抑留《よくりゅう》されたが、これすらも「**まことの臣民に手柄致さす**」という逆説に結ぶ解釈が可能である。

即ちこれは、「まことの臣民（＝スメラの民、真の日本人）」が成した「**（現象的な）自己犠牲《ぎせい》**」のことであろう。

同様のことは、あの「3・11東日本大震災の犠牲者」にも、また「広島・長崎の原爆犠牲者」にも、更には大東亜戦争末期の「特攻隊員」についても言える。

彼らは皆、神国日本を目覚めさせるために、肉体生命を捧げた「まことの臣民」であった。

そしてこの仕組は「**世の元からのこと**」であって、時節が来たので「**いよいよが近くなりたから、この方の力で出して見せるぞ**」と仰っているのではないだろうか。


なお、この解釈に至ったもう一つの要因は、降ろされた日付が意図的に「八月七日」とされていることにもある。

第十二帖の解説に倣《なら》えば、本帖が降ろされた「八月」を「昭和二十年八月」に重ねて解釈できるから、昭和二十年八月に「海一つ越えて寒い国」が日本に何かを仕掛けてくるとすれば、歴史上それは「対日宣戦布告」であり、日本への「侵攻」でしかないからである。

これが「逆説」をベースにした私の第十四帖解釈であり、岡本天明たちの時代に起きた出来事に対応させたものである。

何度も繰り返すが日月神示の「預言」は両義預言が多いので、当然本帖も将来の「大峠」と重なってくるであろうことは論を待たない。

## 第十五帖（一一二）

⦿の国には⦿の国のやり方あるぞ、支那には支那、オロシヤにはオロシヤ、それぞれにやり方違うのざぞ、教えもそれぞれに違っているのざぞ、元は一つであるなれど、⦿の教えが一等よいと申しても、そのままでは外国には通らんぞ、このことよく心にたたんでおいて、上に立つ役員どの気つけてくれよ、猫に小判何にもならんぞ、⦿の一度申した言葉、一分《いちぶ》も違わんぞ。

（昭和十九年八月七日、一二⦿）

【解説】

本帖は特に難しい表現はなく、ほぼ書いてあるとおりの意味に取れる。

十人十《と》色《いろ》と言うように、「**⦿の教えが一等よいと申しても、そのままでは外国には通らんぞ**」とあるとおり、日本の神の啓示や教えをそのまま持ち出して、いきなり「世界宗教」にしようとしても、そんなことがまかり通る道理がないし、日月神示の神がそのようなことを指示するはずもない。

私がこれで思い出すのは、かつての白人欧米列強が競ってアジアや南アメリカまたアフリカの有色人国家や民族を侵略して植民地化した際、そこには必ず「キリスト教」という大宗教がバックにあって、自分たちの行動を宗教的な屁理屈で正当化したばかりか、現地の人々にも強制的に自分たちの宗教を押し付けたことである。

こんなことが神の目に正しいわけがないではないか。

大事なのは「**元は一つである**」ということであって、それさえ根底にあれば顕《あらわ》れ方が各国各様《かくよう》であっても何も不自然ではないが、「我《わ》れ善《よ》し、体主霊従」に堕《お》ちている現在の地上界でそれを望むのは、ほとんど絶望的である。

「元は一つ」ということが真に理解されているならば、これまでも宗教戦争など起こるわけがなかったからだ。

残念ながら今までは「**猫に小判**」であった。


ところで本帖が降ろされたのは「八月七日」となっているから、第十二帖解説で述べたように、これを「昭和二十年八月」と重ねて考えれば、冒頭の「**支那（＝中国）**」と「**オロシヤ（＝ソ連）**」は何れも当時の「敵国」である。

前帖では敵であったロシア（＝ソ連）を逆説的な意味で「まことの宝」、「深い大きな仕組」と解釈したが、本帖に登場する支那（＝中国）もまた日本に対する「悪神」の役割を演じる「宝」と言ってよいのかもしれない。

## 第十六帖（一二三）

今度の戦《いくさ》済みたらてんし様が世界中治《しろ》しめして、外国には王はなくなるのざぞ。いったん戦《たたか》い収まりても、あとのゴタゴタなかなかに鎮まらんぞ、⦿の臣民ふんどし締めて、⦿の申すことよく肚に入れておいてくれよ、ゴタゴタ起りた時、どうしたらよいかということも、この神示よく読んでおけばわかるようにしてあるのざぞ。

⦿は天からと中《ちゅう》からと地からと力合わして、⦿の臣民に手柄立てさすようにしてあるのざが、今では手柄立てさす、⦿の御用に使う臣民一分もないのざぞ。⦿の国が勝つばかりではないのざぞ、世界中の人も草も動物も助けて、みな喜ぶようにせなならんのざから、臣民では見当取れん、永遠《とことわ》に続く⦿世に致すのざから、素直に⦿の申すことときくが一等ざぞ。

人間の智恵でやれるなら、やって見よれ。あちらへ外れ、こちらへ外れて、ぬらりくらりと鰻《うなぎ》つかみぞ、思うようにはなるまいがな、⦿の国が元の国ざから、⦿の国から改めるのざから、一番辛《つら》いことになるのざぞ、覚悟はよいか、腹さえ切れぬようなフナフナ腰で大番頭とは何ということぞ、てんし様は申すもかしこし、人民さま、犬猫にも済むまいぞ。人の力ばかりで戦しているのでないことくらいわかっておろうがな、目に見せてあろうがな、これでもわからんか。

（昭和十九年八月七日、一二⦿）

**【解説】**

まず冒頭に出てくる「**今度の**」の意味が重要である。

というのも「今度」には「最近（＝過去）」、「今回（＝現在）」、「次回（＝未来）」の三つの意味があるからである。

本帖では「**今度の戦**《いくさ》」とあるが、これを「過去の戦」としたのでは意味が通じないから、「現在の戦（＝大東亜戦争）」または「未来の戦（＝大峠）」のいずれかということになる

そこで「**今度の戦**《いくさ》**済みたらてんし様が世界中治**《しろ》**しめして、外国には王はなくなるのざぞ**」とあるが、戦後七十年経った現在でも外国に王はいくらでも存在するから、本帖の「今度の戦」とは大東亜戦争ではなく「未来」の戦、つまり「大峠」における最終戦争のことを指しているとわかる。「大峠」が終わった後は「ミロクの世」へ移行するだけなので、その過程において「外国の王」は自然にいなくなるからである。

ところがこれに続いて「**いったん戦**《たたか》**い収まりても、あとのゴタゴタなかなかに鎮まらんぞ**」とあって、ここでも「**戦**《たたか》**い**」が出てくる。

本帖ではこのように「**今度の戦**《いくさ》**済みたら**」と「**いったん戦**《たたか》**い収まりても**」と二度も「戦」が登場するから、単純には両方とも同じ「戦」を指していると考えてしまうところだが、実はそうではない。

何故ならば「今度の**戦**《いくさ》」と「いったん**戦**《たたか》い収まり」のように、「**戦**《いくさ》」と「**戦**《たたか》い」の使い分けがあるからであって、この場合は別々の「戦」の意味で使用されていると考えられるからである。

日月神示の読み方に「**裏の裏まで読め**」とあるのは、こういう細かい違いに重大な意味の相違が隠されているから、よく注意しろということでもあるのだ。

すると最初の「**戦**《いくさ》」が「大峠」であったから、二番目の「**戦**《たたか》**い**」は「大東亜戦争」を指していると考えてよい。

よって「**あとのゴタゴタなかなかに鎮まらんぞ**」とあるのは、大東亜戦争が終わって現在に至るまでの七十年間に及ぶ国際政治、経済、社会情勢、また戦争や紛争、革命やテロなどを見ればまさしく「**ゴタゴタ**」そのものであるし、神国日本の国内状況を見てもピタリと当てはまる。

これを裏づけるのが、この神示の降下時期もまた「八月」であることだ。

何とこれも「八月」。つまり昭和二十年八月に大東亜戦争は終わるが、あとのゴタゴタはなかなか収まらないという暗示を含んでいる。

このようなゴタゴタにおいては「**⦿の臣民ふんどし締めて**」、「**⦿の申すことよく肚に入れて**」おかなければならないのは当然であって、具体的にそれは「**この神示よく読んで**」おくことなのである。

中の段落に移ってまず「**⦿は天からと中《ちゅう》からと地からと力合わして**」とあるのは、「神界、幽界、顕界《けんかい》」の全てを含む三千世界の神々の総力を結集して「岩戸を開く」という意味であろう。

そこでは「**⦿の臣民に手柄立てさすようにしてある**」というのだが、肝心の臣民はと言えば、「**⦿の御用に使う臣民一分もない**」という情けない状態に陥《おちい》っていると指摘されている。

ここに「**一分**」とあるから、これは「十%」なのか、それとも「一%」のことかという議論があるだろう。私の考えでは、明らかに「一%」であって十%ではない。神の御用に使える臣民は一%もいないという意味である。

ほとんどの臣民が「我れ善し、体主霊従」に陥っているのだから、十%もの臣民が神の御用に役立つとは到底思えないし、何よりも日月神示に「**百人に一人くらいは何とか役に立つぞ、あとはコンニャクのお化けざぞ**」（第八巻「磐戸の巻」第五帖）と、明確に示されているので疑問の余地はない。

岩戸開きにおいて「**⦿の臣民に手柄立てさす**」とは、「**世界中の人も草も動物も助けて、みな喜ぶように**」することであろうが、しかしそれは「**臣民では見当取れん**」仕組であるから、「**素直に⦿の申すこときくが一等**」だと示されている。

「臣民の手柄」を人間の頭で考えても見当が取れないから、素直に神に従えという意味である。

なおここで言う「臣民」とは、本帖が降ろされた当時（＝昭和十九年頃）の臣民のことでもあるし、広い意味では今現在から未来にかけての「臣民」も当然含まれるであろう。

「何とか役に立つ臣民は百人に一人くらい」と言うが、果たして今現在はどのくらいの割合になっているのであろうか？

最後の段落に移って、「**人間の智恵でやれるなら、やって見よれ。あちらへ外れ、こちらへ外れて、ぬらりくらりと鰻《うなぎ》つかみぞ**」とあるのは、第一段落の「**いったん戦《たたか》い収まりても、あとのゴタゴタなかなかに鎮まらんぞ**」を別の角度から見た表現であろう。

つまり大東亜戦争が終わった後の日本も世界も、「**人間の智恵**」で表向きは何とか世界を善くしようと努力するが、結局それは「**ぬらりくらりの鰻つかみ**」でしかないということになる。

これなど、戦後七十年経った今の状況を見ても、完璧に当てはまるではないか。

大東亜戦争が終わっても、結局何の根本的解決もなし得ないまま「大峠」に向かって突き進むことになるが、その矛先《ほこさき》はまず神国日本に向かってくる。「**⦿の国が元の国ざから、⦿の国から改めるのざから、一番辛《つら》いことになるのざぞ**」がそれを明確に示しているからである。

ところが日本の指導者はといえば「**腹さえ切れぬようなフナフナ腰で大番頭とは何ということぞ**」と厳しく戒められているように、これまでの政治家はごく一部を除き全く役に立たない「コンニャクのお化け」のような人物ばかりが多く輩出《はいしゅつ》されてきた。

しかもそれは「大峠」まで続くはずである。

だからこそ「てんし様は申すもかしこし、人民さま、犬猫にも済むまいぞ」と示され、神も半ば呆《あき》れていることが窺《うかが》えるのである。

実に情けない限りである。

ところで、日本の指導者のことを「大番頭」と表現しているのは実に含蓄《がんちく》がある。

番頭とは本来「商家などの使用人のかしらであって、営業・経理など店の全てを預かる者」という意味である。

従って「大番頭」を「国の指導者」と見れば、それは内閣総理大臣を筆頭にして、その下の閣僚、国会議員、或いは高級官僚などが来るのは当然である。

その彼らの本質が「使用人（のトップ）」だと神示は述べているのである。

ここは非常に大事なポイントである。

では「使用人」に対するその「主《あるじ》」とは誰であろうか？

ほとんどの日本人は「国民」と答えるであろう。日本は民主主義国家であるから、「国民」という答えはその限りにおいて正しい。

しかし日月神示によれば、「本当の主」とは「てんし様（＝スメラミコト）」である。

「てんし様」こそが真の主《あるじ》であって、大番頭たる指導者は「てんし様の大御心」を体して国を治めることが本来の役割なのだ。これが「大番頭」に秘められた真意である。

「ミロクの世」では必ずこのような統治形態になる。

このように、日月神示は言葉一つにも重大な意味を持たせているのであるから、**「裏の裏まで読め」**と示されている所以《ゆえん》である。

## 第十七帖（一二四）

昔から生き通しの活神様のすることぞ、泥の海にすることとくらい朝飯前のことざが、それでは臣民が可哀そうなから、天の大神様にこの方が詫びして一日一日《ひとひ》と延ばしているのざぞ、その苦労もわからずに臣民勝手なことばかりしていると、⦿の堪忍袋切れたらどんなことあるかわからんぞ、米があると申して油断するでないぞ、いったんは天地へ引き上げぞ。

（昭和十九年八月七日、一二⦿）

**【解説】**

**「昔から生き通しの活神様」**とは、太古の時代に地球を修理固成《つくりかため》られた主宰神「国祖様《こくそさま》（＝国常立大神《くにとこたちおおかみ》）」とその部下神将である「十柱《とはしら》の神々」を指すことは明らかである。

この神々の神力とは「（地球を）**泥の海にすることとくらい朝飯前**」とあるから、要するに地球規模の超天変地異を引き起こすのは造作《ぞうさ》もないほどの神力をお持ちだということであるが、臣民のためにその力の行使を「天の大神様にこの方が詫びして一日《ひとひ》一日と延ばしている」と述べている。

しかし第十三帖では「⦿は元の大神様に延ばせるだけ延ばして頂き、一人でも臣民助けたいのでお願いしているのざが、もうおことわり申す術《すべ》なくなりたぞ」とあったから、実際にはもう「延長期間」は過ぎていると見るべきである。

「⦿の堪忍袋切れたら」というのは一見神らしからぬ人間臭い言い回しであるが、これは要するに「もうおことわり申す術《すべ》なくなりたぞ」と同義であって、その意味は「臣民の身魂磨き」が神界計画のように進んではいないものの、もうこれ以上は待てないというギリギリの限界（＝時節のタイムリミット）に達したことを指していると考えれば、スンナリと意味が通る。

「（神の）苦労もわからずに臣民勝手なことばかりしている」のが臣民の状態であるから、これでは神が嘆かれるのも無理からぬ話である。


最後の「米があると申して油断するでないぞ、いったんは天地へ引き上げぞ」とは、来《きた》るべき「大峠」では食料が絶対的に不足することの預言とその警告であろう。

よって、食料を少しでも自給できるように努めるのが、心ある臣民の努力目標である。

## 第十八帖（一二五）

いつも気付けてあることざが、⦿が人を使うているのざぞ、今度の戦で外国人にもよくわかって、⦿様にはかなわん、どうか言うこときくから、夜も昼もなく⦿に仕えるから許してくれと申すようになるのざぞ、それには⦿の臣民の身魂掃除せなならんのざぞ、くどいようなれど、一時《いちじ》も早く、一人でも多く、改心して下されよ、神は急ぐのざぞ。

（昭和十九年八月の七日、一二の⦿）

**【解説】**

本帖は比較的短く意味もそれほど難しくないように見えるが、ここに秘められた神意は極めて深いものがある。

まず「**⦿が人を使うているのざぞ**」とあるが、これを単純に「神が臣民に憑《か》かって操《あやつ》り人形のように使う」ことと考えるは大間違いである。

それでは単なる邪神や動物霊の「憑依《ひょうい》現象」と何も変わらない。

この意味は、神が臣民に憑かって「神人一体」となって神の仕組を進めるが、「主導権は神にある」と解さなければならない。

つまり「神主人従」と言い得る。

そうでなければ、日月神示が全巻を通して述べている「神と臣民の関係」と矛盾するからである。

臣民の自由意志による「口心行《くしんぎょう》」がそのまま神の御心に適《かな》っていて、期せずして神仕組が進んでいるならば理想的な「神人一体」である。

次の「**今度の戦で外国人にもよくわかって、⦿様にはかなわん、どうか言うこときくから、夜も昼もなく⦿に仕えるから許してくれと申すようになるのざぞ**」であるが、まず「**今度の戦**」とは大東亜戦争ではないことに注意していただきたい。

大東亜戦争では、日本が負けることによって最初の「岩戸」が開いたのであるが、外国人が「**⦿様にはかなわん**」とか「**⦿に仕えるから許してくれ**」という状況にはなっていない。

むしろ完全に逆で、日本が外国、特にアメリカや中国に異常なほど「仕えて」きたではないか。

つまりこれは「大峠」によって起こる状況である。

「大峠」の最終戦争に至って、やっと外国人も神様には敵《かな》わないことが骨身《ほねみ》に沁《し》みてわかるということである。

さてこの段階で、外国人が「**⦿に仕えるから許してくれと申す**」のであるが、ここで神は実に不思議なことを仰《おっしゃ》っていることに気づいていただきたい。

「**それには⦿の臣民の身魂掃除せなならんのざぞ**」とあるのがそれだが、ここは大注目すべき重大なポイントなのである。

そもそも外国人を許すのに、何故「**⦿の臣民の身魂掃除**」が必要なのであろうか？

このことなのだ。

ここで言う「許す」とは、本来「〇」であった外国人に「、」を入れて「◉」と成して、正式に「神の臣民」として認めるということである。ここにヒントがある。

こう言えばおわかりであろう。

それは、外国人が「神の臣民（◉）」となるその前に、元々神の臣民であった「真《まこと》の日本人（＝スメラの民）」が、「体主霊従」のくびきから脱して、元の「霊主体従」に戻っていなければならないということなのだ。

神示第十九巻「まつりの巻」第十六帖に、「**日本の人民よくならねば、世界の人民よくならんぞ**」とあるが、このように「よくなる順序」はまず「（真の）日本人」であり、次いで「世界の人民（＝外国人）」であると厳密に定められているのである。

これは、神仕組の「秩序」である。

このことが胸落ちすれば、「**それには◉の臣民の身魂掃除せなならんのざぞ**」という一節が、どんなに重い意味を持つかご理解いただけるであろう。

日本の臣民の「身魂磨き」は自分一人のためだけではなく、日本だけのためでもなく、世界の人民のためでもあるということである。

ここに気づいていただきたい。

そして「**神は急ぐのざぞ**」と仰っている。

何故ならば、前帖で解説したように、「**⦿の堪忍袋**」が切れかかっているからである。

## 第十九帖（一一六）

⦿の力がどんなにあるか、今度は一度は世界の臣民に見せてやらねば納まらんのざぞ、世界揺すぶりて知らせねばならんようになるなれど、少しでも弱く揺すりて済むようにしたいから、くどう気つけているのざぞ、ここまで世が迫りて来ているのぞ、まだ目醒めぬか、⦿はどうなっても知らんぞ、早く気付かぬと気の毒出来るぞ、その時になりては間に合わんぞ。

（昭和十九年八月七日、一二⦿）

【解説】

冒頭の「**⦿の力がどんなにあるか、今度は一度は世界の臣民に見せてやらねば納まらんのざぞ、世界揺すぶりて知らせねばならんようになる**」とある部分は、間違いなく「大峠」を表していることはおわかりだろう。

実はこの部分は、前帖で「**今度の戦で外国人にもよくわかって、⦿様にはかなわん、どうか言うこときくから……**」という一節と「原因」と「結果」の関係にある。

「**⦿の力がどんなにあるか、今度は一度は世界の臣民に見せてやる**」（＝原因）から、「**今度の戦で**

**外国人にもよくわかって、⦿様にはかなわん……」**（＝結果）という展開になるからである。
このことからも、この二つが「大峠」を指していることがわかる。

次に「**少しでも弱く揺すりて済むようにしたいから、くどう気つけているのざぞ**」という一節があるが、これはできるだけ「**大難**」を「**小難**」で済ませたいという神の情《なさ》けとでも言うべきものだろう。

しかし神が強制力をもって「大難」を「小難」に変えることは天律《てんりつ》違反であって、いかに神の情けであってもそこまでは踏み込めない。

「大難」を「小難」に変えるには「臣民の身魂磨き」が進むこと、この一点にかかっている。

そして臣民の中でも、特に「因縁の身魂」の身魂磨きが先行しなければならない。

それ故《ゆえ》神はここでも、「**まだ目醒めぬか、⦿はどうなっても知らんぞ、早く気付かぬと気の毒出来るぞ、その時になりては間に合わんぞ**」と繰り返し諭《さと》しているのである。

神が「身魂磨き」を促す帖は数多いが、本巻では特にそれが連続して出てきている。

これは大きな特徴であるので少し振り返ってみよう。

◉第十三帖→**⦿は元の大神様に延ばせるだけ延ばして頂き、一人でも臣民助けたいのでお願いし**

ているのざが、もうおことわり申す術《すべ》なくなりたぞ

◉第十六帖↓覚悟はよいか、腹さえ切れぬようなフナフナ腰で大番頭とは何ということぞ

◉第十七帖↓それでは臣民が可哀そうなから、天の大神様にこの方が詫びして一日《ひとひ》一日と延ばしているのざぞ、その苦労もわからずに臣民勝手なことばかりしていると、⦿の堪忍袋切れたらどんなことあるかわからんぞ

◉第十八帖↓くどいようなれど、一時《いちじ》も早く、一人でも多く、改心して下されよ、神は急ぐのざぞ

◉第十九帖↓まだ目醒めぬか、⦿はどうなっても知らんぞ、早く気付かぬと気の毒出来るぞ、その時になりては間に合わんぞ

右を総覧《そうらん》すれば、神が如何《いか》に我々臣民の「身魂磨き」の進展を心待ちされているか、よくわかるだろう。その裏には、もう時節のタイムリミットの限界近くまで来ていて、神が「もう待てない、急《せ》ける」と仰っていることの重みがひしひしと伝わってくるではないか。

## 第二十帖（一二七）

⦿の世と申すのは、今の臣民の思うているような世ではないぞ、金《きん》は要らぬのざぞ、お土から

あがりたものが光りて来るのざぞ、衣類、食べ物、家倉《いえくら》まで変わるのざぞ。草木も喜ぶ政治と申してあろうがな、誰でもそれぞれに先のわかる世になるのぞ。お日様も、お月様も、海も山も野も光り輝くぞ、水晶のようになるのぞ。悪はどこにも隠れること出来んようになるのぞ、博打《ばくち》、娼妓《しょうぎ》は無く致すぞ。雨も要るだけ降らしてやるぞ、風もよきように吹かしてやるぞ、神を讃える声が天地に満ち満ちて、嬉し嬉しの世となるのざぞ。

（昭和十九年八月の七日、ひつ九のか三　ふで）

**【解説】**

本帖は一貫して「**⦿の世**（＝ミロクの世）」に関する説明である。「**金《きん》は要らぬ**」、「**土から採れたものが光る**」、「**衣類、食べ物、家倉《いえくら》まで変わる**」、「**草木も喜ぶ政治**」、「**誰でも先のわかる世**」、「**水晶のように光り輝く世**」、「**神を讃える声が天地に満ち満ちる**」などなどの説明を見れば、確かに「**今の臣民の思うているような世ではないぞ**」ということが理解できる。

これがミロクの世の在《あ》り様《よう》の一端である。

なおミロクの世については、本帖以外にも、第五巻「地つ巻」第十一帖、第十八巻「光の巻」第三帖、同第四帖、第二十一巻「空の巻」第十三帖などに具体的な記述があるので、全訳本をお持ちの方は併せて参照していただきたい（ミロクの世の全体的な解説は、『ときあかし版』ミロクの章を参照されたい）。

ところで本帖が降ろされたのも「八月」であるが、これは昭和二十年八月に「てんし様（＝天津《あまつ》日嗣《ひつぎ》皇《すめら》尊《みこと》大神《おおかみ》）を祀れ」との神示が降り、これに基づき岡本天明たちが奥山に「てんし様」を祀ったことと重大な関連があると思われる。

何故ならば「ミロクの世」の王とは「てんし様」であるから、本帖で述べている「ミロクの世の在り様」とはつまり、「てんし様が治める世の在り様」でもあるからだ。

どちらも同じ「八月」に降ろされているし、「てんし様」を祀ったのも本帖降下の一年後の「八月」である。日月神示の神は、神示降下の時期にも微に入り細に入り「神仕組」を込めているように思われる。

更に深読みするなら本帖は「(八月) 七日」に降ろされているが、てんし様降臨の型が出されたのは一年後の「(八月) 八日」であるから、ここに「七日」→「八日」という連続性も認められる。即ち「七日」の神示で「ミロクの世」が、また一年後の「八日」の神示では「ミロクの世」の王である「てんし様」が示されたという連続性である。

とても偶然の一致とは思われない。

## 第二十一帖（一二八）

みろく出づるには、はじめ半《なか》ばは焼くぞ、人、二分は死、みな人、神の宮となる。西に戦《いくさ》しつくし、神世とひらき、国毎《ごと》に、一二三《ひふみ》、三四五《みよいづ》たりて百《もも》千万《ちよろず》、神急ぐぞよ。

（昭和十九年八月七日、ひつくのかみふみぞ）

**【解説】**

本帖はたった二行の短い帖であるが、他の帖と比較してその難解さは突出している。

第一巻「上つ巻」第十六帖がそうだったように、本帖もまた第十六巻「荒《あれ》の巻」の文章表現に極めてよく似ているから、第十六巻と同じように、本帖も少ない言葉に多くの密意を持たせる「霊界の文章表現」の一例ではないだろうか。

不完全さは免れないが、一応文面から考えられる解釈を試みたい。

まず冒頭に「**みろく出づるには**」とあることから、本帖は「ミロクの世」に移行するための「仕組」を述べたものであるとの見当がつく。

「**はじめ半《なか》ばは焼くぞ、人、二分は死**」とは、おそらく「大峠」においては「火の大災害」が先行し、それによって人類の二分（＝二割）が死に絶えるという意味ではないだろうか（水の大災害はその後に起こるということか？）。

「**みな人、神の宮となる**」とは、「身魂磨き」が進んで神の目に適《かな》う臣民は「神の宮」になるということ、つまり「神人一体」となることを指していると考えられる。

　このような臣民でなければ、「ミロクの世」に行くことができないからである。

　次の「**西に戦《いくさ》しつくし、神世とひらき**」とは、「神世（＝ミロクの世）」が開かれる前には必ず「大峠（＝大戦争）」が起こるという意味であろうが、「戦《いくさ》しつくし」とあるから、この戦争は中途半端なものではなく、徹底的な破壊と破滅を伴う文字どおりの「世界最終戦争」であることが窺《うかが》われる。

　ただここで「**西に**」という表現が、具体的に何を指すのかは直接の手掛かりはない。

　一つ言えることは、日本は「日出づる国」と呼ばれるように「東」で象徴される一方、日本は「神国」であるから本来「霊主体従」の国である。

　すると「東」とは「霊主体従」の暗示と考えることができるから、これに対する「西」とは日本以外の「外国」、即ち「体主霊従」の暗示と考えることができよう。

　よって「**西に戦《いくさ》しつくし**」とは、「体主霊従」が全て出し尽くされ破壊し尽くされて、「霊主体従」へと大転換することを指すと考えてよいのではないだろうか。

　一つの解釈の仕方としては、このように考えられる。

**「国毎《ごと》に、一二三《ひふみ》、三四五《みよいづ》たりて百千万《ももちよろず》」**とは何とも謎めいた一節だが、「一二三《ひふみ》、三四五《みよいづ》（の仕組）」とは「ミロクの世」に至る神仕組の初めの二つであるから、それが「たりて」とは「足りて」であり、つまり「成就する」という意味であろう。

「百千万《ももちよろず》」とは、「一二三四五六七八九十百千万《ひとふたみよいつむななやここのたりももちよろず》」と唱える「天地《あめつち》の数歌《かずうた》」の最後の文言《もんごん》であるから、これは「最終的な完成」つまり「五六七《みろく》の仕組」の成就を意味すると考えられる。

つまり全体の意味は、「（最後には）**外国の国々もそれぞれ、一二三《ひふみ》、三四五《みよいづ》、（五六七《みろく》）の神仕組が成就してミロクの世に至ることになり、これが神仕組の完成である**」ということになると思われる。

しかもそれを「**神急ぐぞよ**」とあるとおり、神は非常に急がれているのである。

更にこの帖もまた「八月」の降下であることに注目していただきたい。

何度も述べているように、昭和二十年八月は、日本が原爆を落とされて大東亜戦争に負けたときであったが、これによって「（日本の）岩戸が開けた」と神示は明言している。

それればかりか「一二三の仕組」も昭和二十年八月に成就し、同時に「三四五の仕組」がスタートしているのだ。

このように「昭和二十年八月」とは、「ミロクの世」に至る極めて重大な「時節」であって、本帖を含め本巻の多くの帖の日付が「八月（七日）」となっているのは、明らかに「時節」の暗示であると考えられる。

## 第二十二帖（一二九）

十柱《とはしら》の世の元からの活神様、御活動になりていることわかったであろうがな、獣《けもの》の容れ物にはわかるまいなれど、◉の臣民にはよくわかりているはずぞ。まただんだんに烈《はげ》しくなりて、外国の臣民にもわかるようになりて来るのざぞ。その時になりてわかりたのでは遅い遅い、早う洗濯致してくれよ。

（昭和十九年九月の八日、ひつ九のか三）

**【解説】**

この帖は「**十柱《とはしら》の世の元からの活神様**」が既に活動なさっていることを示している。

「十柱の神々」の初出は、第三巻「富士の巻」第十八帖であって、「**神々様みなお揃《そろ》いなされて、雨の神、風の神、地震の神、岩の神、荒《あれ》の神、五柱《いつはしら》七《なな》柱、八《はち》柱、十《と》柱の神々様がチャンとお心合わしなされて、今度の仕組の御《おん》役決まりてそれぞれに働きなされることになりたよき日ぞ。辛酉《かのととり》はよき日と知らしてあろがな**」と書かれている。

本帖では「世の元からの活神《いきがみ》」という新たな位置づけが示されている点に注意していただきたい。

つまり国祖様（＝国常立大神）と共にこの世の始めから活動されている活神であって、それ故に此度《こたび》の「岩戸開き」の実行に任ずる根本の神々なのである。

「十柱の神々」と言う以上、人間で言えば「十人」即ち「十体」の神々が存在するということでもあるが、一方において「十」とは、「ミロクの世」が「十方世界」と言うように「完全」を意味するから、「十人、十体」とは別に、神の「完全なはたらき」をも表していると解釈できる。

これら「十柱の神々」の「**御活動になりていることわかったであろうがな**」とあるから、直接的には当時の岡本天明と彼の同志たちに対して示された神示だと思われるが、何をもって「わかったであろうがな」としているかは不明である。

「自動書記」による神示とは別に、神から天明たちに直接何らかの「示し」があったのであろうか。

ただ一方において、「十柱の活神」の活動は今現在も継続しているのであるから、後世の我々が無関心でよいはずがない。

最後の「岩戸開き」に向けた世界の大変化の裏には、これら「十柱の活神」の見えない活動があるのだ。

次に「**獣《けもの》の容れ物にはわかるまいなれど、◉の臣民にはよくわかりているはずぞ**」とあるが、「何が、わかる」のか具体的なことは全く書かれていない。

ただ「**◉の臣民にはよくわかりているはず**」とあるから、現代に当てはめて考えれば、地球全体の異常気象や地震、火山などの自然現象はもとより、世界の金融、経済、食料、水、エネルギーなどの社会現象も著しく深刻な問題となっているが、これらが単なる個別の問題ではなく、「大峠」に向かう大きな神仕組の流れの中で複合的に動かされていることを、「**⦿の臣民**」なら直感的にわかっているはずだという意味ではないだろうか。

それが「**世の元からの活神様の御活動**」によるものなのだと本帖は告げているのであるが、これらは収束するどころか「**まただんだんに烈《はげ》しくなりて**」くるという。

今後、自然現象も社会現象もますます異常になって、混迷の度を深めることが予想されるが、「**その時になりてわかりたのでは遅い遅い、早う洗濯致してくれよ**」と神が促していることの意味を深刻に受け止めなければならない。

※補足

「十柱の神々」の御神名については、これまでの帖で明らかになっているのは、「雨の神、風の神、地震の神、岩の神、荒《あれ》の神」の五柱だけであって、残り五柱の御神名はまだ明らかにされていない。

これについては第七巻「日の出の巻」第十八帖に、「**十柱とは火の神、キの神、金《かね》の神、日の出の神、竜宮の乙姫、雨の神、風の神、地震の神、荒の神、岩の神であるぞ。辛酉の日に祀りてくれよ**」と示されている。

これら十柱の神々のはたらきによって、立替え・立て直しに向けて神の経綸が織り成されていくことになるだろう。

## 第二十三帖（一三〇）

我《が》がなくてはならん、我があってはならず、よくこの神示《ふで》読めと申すのぞ。悪はあるが無いのざぞ、善はあるのざが無いのざぞ、この道理わかりたらそれが善人（千人）だぞ。千人力《せんにんりき》の人が善人であるぞ、お人好しではならんぞ、それは善人ではないのざぞ、⊙の臣民ではないぞ、雨の神どの、風の神どのに、とくと御礼申せよ。

（昭和十九年八月の九日、一二⊙）

【解説】

本帖は「我《が》」と「善悪」について述べているが、日月神示特有の「逆説的表現」が見られる。何度も述べているように「逆説」の裏には大いなる「神意、密意」が秘められているのが日月神示の「仕掛け」であって、それは本帖においても同じである。

「**我《が》がなくてはならん、我があってはならず**」とか、「**悪はあるが無いのざぞ、善はあるのざが無いのざぞ**」などと示されているが、残念ながらこの帖のみいくら目を皿のようにして読んでも、書いている以上のことはわかりようがない。

解読のためのピースが絶対的に足りないからである。

しかも「我《が》」と「善悪」は日月神示における根本的に重要な「神仕組」であって、とても一つや二つの帖で語り切れるものではなく、神示全巻から関係するピースをできるだけ多く見つけ出し、それらを総覧しつつ総合的に考えていかなければわかるものではないのである。

それだけで優に一つの「章」を構成するほどの質と量がある。

よって「我《が》」と「善悪」に関する詳細な解説は、既刊の拙著を参照していただくのが最良であると申し上げておきたい。

「我」については『秘義編』第二章　真我《しんが》と自我《じが》を、また「善悪」については『ときあかし版』ミロクの章をそれぞれ参照していただきたい。

神示は「我《が》」と「善悪」について、「**この道理わかりたらそれが善人（千人）だぞ。千人力《せんにんりき》の人が善人であるぞ**」と示しているが、「千人力」とは勿論単なる「力持ち」ではない。

本帖では「**この道理わかること**」が「千人力」だとされているから、全体の文意から「この道理」とは「**我と善悪に関する霊的真実を肚に収めること**」であると考えられる。

この道理を理解して、肚《はら》に収めた者が「**千人力《せんにんりき》の善人**」と呼ばれるのである。

「善人」とは「**お人好しではならんぞ、それは善人ではないのざぞ、⦿の臣民ではないぞ**」とあるとおり、「我《が》」と「善悪」の知識を単に「頭」に詰め込んで安心している「お人好し」は真の善人ではない。

真の善人とは「謙虚さ」と「自分に対する厳しさ」を併せ持つ人でなければならない。

さて本帖の最後に「**雨の神どの、風の神どのに、とくと御礼申せよ**」とあるが、これが何を意味しているかについても、この帖だけでは知る術《すべ》がない。

これを解く鍵は、本帖が降ろされた日付にある。

本帖降下の日付は「昭和十九年八月九日」であるが、読者はこの日付に関連する天明たちの「神《しん》業《ぎょう》」を思い出さないであろうか？　そう、「**江戸の仕組**」である。

「江戸の仕組」は神命により、昭和十九年八月八～十日にかけて、「奥山」、「中山」、「一の宮」の三箇所を開いて、日月神示を降ろした神（＝天之日津久神《あめのひつくのかみ》）を祀る神業であった。

これに関連して第三巻「富士の巻」第二帖で、「**今度の祭典《まつり》御苦労でありたぞ、神界では神々様大変の御喜びぞ、雨の神、風の神殿、ことに御喜びになりたぞ**」と示され、祭典《まつり》当日は関東に台風が接近して暴風雨に見舞われたのであるが、実はそれこそが「雨の神」、「風の神」が喜んでいる証《あかし》であると解説した。このことを思い出していただきたい。

本帖でも「**雨の神どの**」、「**風の神どの**」が登場し、その日付が「八月九日」であるから、ちょうど「江戸の仕組」のど真ん中に当たることがわかる。

よって本帖のこの部分は「祭典《まつり》当日」に台風が吹き荒れたことに対応し、それは「雨の神」と「風の神」が大喜びして吹かせた「証」であったから、それを受けて「（雨の神と風の神に）**とくと御礼申せよ**」という意味になると考えるのが自然である。

しかしこれは、人間にとっては「暴風雨（＝台風）」に御礼を申せよということに等しいから、ちょっと無茶苦茶な感じを受ける人もいるだろう。

一見すると確かに無茶苦茶ではあるが、反面いかにも日月神示の神らしい「逆説」ではないか。ここは安楽を求める人間の心とは反対に、神仕組成就の道が「苦難」と「試練」に満ちていることを暗示していると考えるべきではないだろうか。

「雨の神」、「風の神」の二柱は、「十柱《とはしら》の活神《いきがみ》」の中でも特に人間との縁が深いようである。

少し長くなるが、私は本帖の「八月」も昭和二十年八月と無関係でないと考えている。

本帖は「我《が》」と「善悪」がテーマであるが、昭和二十年八月は「原爆」と「敗戦」によって日本が地獄を見たときであった。

つまり「八月」をキーワードとして、「我」と「善悪」、それに「原爆」と「敗戦」という一見似ても似つかない取り合わせができるのである。

私は、この両者には神の密意があるとずっと感じていた。

日本人にとって昭和二十年八月は、原爆を二発も落とされた上に、当時のソ連が日ソ中立条約を破って対日宣戦布告をし、突然満州や南樺太に侵攻した時期である。

これに対して日本はもはやなす術《すべ》もなく、ポツダム宣言を受託して連合国へ降伏した「最悪」のときであった。

日本が立ち上げた「大東亜戦争の大義」は無惨にも破れ去り、「鬼畜米英《きちくべいえい》」とまで呼んだ「悪」に膝を屈しなければならない屈辱は耐えがたいものだったはずで、神国と信じた祖国が戦争に負けて降伏するなど、多くの日本人には受容しがたいことであっただろう。

あのときの日本人にとっては、自らの大義が敵国によって破壊されたのであるから、まさしく「善」が「悪」に屈したことに他ならなかった。

あってはならないことだったのである。

そしてそのように思わしめたものが、大方《おおかた》の日本人の「我（＝自我）」であった。

ところがこのような日本人の心情とは正反対に、原爆と敗戦によって「岩戸が開いた」と神が大喜びしていることは既に何度も述べた。

ここには人間の考え（＝我《が》の判断）と神の意志（＝神意）が真っ向から対立する構図が見られるが、ポイントはここにある。

「岩戸を開く」ための「原爆」と「敗戦」は神の意志であるが、そんなことを日本人が受け入れられるはずもなく、「善」が「悪」に負けたことに「我（＝自我）」が悲鳴を上げていたわけである。

それが昭和二十年八月である。

このとき、それまでの日本人が常識としてきた「善悪感」と、それを培《つちか》ってきた「我」が自己矛盾を起こし破壊されたと考えることができるだろう。

その結果、日本人は魂が抜けたようになって、戦後、ＧＨＱの洗脳政策と洗脳教育を極めて従順に受け入れ、挙句《あげく》の果ては「日本（人）＝戦犯＝悪」という最悪の「自虐史観《じぎゃくしかん》」に呪縛《じゅばく》されてしまう素地ができ上がったのである。

このように「我」と「善悪」、「原爆」と「敗戦」の組み合わせは、昭和二十年八月に焦点を当てて、日本（人）を巻き込んで発動するように仕組まれていたと見ることができる。

このように仕組まれたのは、日本が「岩戸」を開き真《まこと》の神国として復活するため、それまでの「我れ善し、体主霊従」に基づく価値観を破壊する必要があってのことだった。

大東亜戦争の敗戦によって、日本人の魂は「骨抜き」状態になったように見えるが、それは次の「霊主体従」への覚醒のために必要な準備段階と考えれば、それもまた「神仕組」の一環として納得できる。

このように「八月」をキーワードとして考察すれば、神が仕組んだ様々な密意が見えてくるのである。

本第四巻は昭和十九年八月三十一日以降に降ろされているにもかかわらず、実際にはそれ以前の八月上旬に降ろされた帖が十個も含まれている謎は、一年後の昭和二十年八月の「原爆」と「敗戦」、それによる日本の「岩戸開き」に繋《つな》がっていく暗示だったのである。

## 第二十四帖（一三一）

今の臣民、盲、聾ばかりと申してあるが、その通りでないか、この世はおろか自分の身体のことさえわかりてはおらんのざぞ、それでこの世をもちていくつもりか、わからんと申してもあまりでないか。

⦿の申すこと違ったではないかと申す臣民も今に出て来るぞ、⦿は大難を小難にまつりかえているのにわからんか、えらいむごいこと出来るのを小難にしてあることわからんか、ひどいこと出て来ること待ちているのは邪の身魂ぞ、そんなことでは⦿の臣民と申されんぞ。

臣民は⦿に、悪いことは小さくしてくれと毎日お願いするのが務めぞ。臣民近欲《ちかよく》なからわからんぞ、欲もなくてはならんのざぞ、取り違いと鼻高とが一番恐いのざ。神は生まれ赤子の心を喜ぶぞ、磨けば赤子となるのぞ、いよいよが来たぞ。

（昭和十九年九月十日、ひつくのか三）

【解説】

最初に「盲」と「聾」という言葉について注釈を入れておかなければならない。

「盲」は「もう、めくら」、「聾」は「ろう、つんぼ」とそれぞれ音読みと訓読みができるが、現代において「めくら」と「つんぼ」は目の不自由な人や耳が聞こえない人に対する「差別的表現」とされるから、神示を読んだり（＝特に音読）或いはこれについて誰かと話すときは特に注意していただきたい。

本帖の「盲」と「聾」にはルビがないので、音読み、訓読みのどちらにも読めるが、現代は「盲《もう》」、「聾《ろう》」と音読みするのが無難であろう。

ただ神示が降ろされた当時はこのような「差別的表現」の思想はなかったから、訓読みで「めくら」、「つんぼ」と読まれたことは確実である。神示原文でもそうなっている。

この辺の事情は、時代の流れや趨勢《すうせい》を感じる箇所ではある。

ちなみに第二巻「下つ巻」第二十一帖には「片輪、かたわ」という言葉が出てくるが、これも現代では「差別的表現」とされている（当該解説を参照されたい）。

解釈に移ると、冒頭の「**今の臣民、盲、聾ばかりと申してあるが、その通りでないか**」とあるのは、臣民の心が完全に「我《が》（＝自我）」に支配されて「体主霊従《われよし》（＝我れ善し）」に陥り、神意に適《かな》った正しい判断ができなくなった状態を指していると解される。

「盲」とは「目が見えないこと」、「聾」は「耳が聞こえないこと」であるが、この二つは人間の「五感（＝見る、聞く、嗅《か》ぐ、味わう、触れる）」の中で最も「遠く、広く」感知することができる感覚である。

それを「**盲、聾ばかり**」と言うのであるから、臣民が真理を「遠く、広く」見聞することができなくなり、限りなく「近く、狭く」解釈するようになったことになる。

これが「体主霊従《われよし》（＝我れ善し）」の典型的な心的状態である。

このような状態に陥っているから、「**この世はおろか自分の身体のことさえわかりてはおらんのざぞ、それでこの世をもちていくつもりか、わからんと申してもあまりでないか**」と指摘されているのだ。

ここで「**自分の身体のことさえわかりてはおらん**」とあるのは、例えば自分の身体のどこが健康でどこが不健康（または病気）であるかわからないというような表面的な意味だけでなく、本来人間の身体は「神が憑《か》かる容《い》れ物」であるという本質を忘れているということも示している。

なぜこのような「**盲、聾ばかり**」になってしまったのか？

その答えが「**臣民近欲《ちかよく》なからわからんぞ**」であり、「**取り違いと鼻高とが一番恐いのざ**」である。

「**近欲、取り違い、鼻高（＝高慢、慢心）**」とは「我（＝自我）」の重要な性質であり、これが表《おもて》に強く出るために、人間が本来有している「元の神の光、神性」が内に閉じ込められてしまうのである（私はこれを「個人の岩戸閉め」と呼んでいる）。

このことは、今の世界や日本の人民を見れば明々白々であろう。地球上のほとんど全ての人類が「近欲」に堕《お》ちていると言っても過言ではない。

人々は、とにもかくにもまずは「金《かね》、もの」であるという「**近欲**」に支配され、人間が作った法律やルールにさえ触れなければいくら得てもよいという勝手な「**取り違い**」を犯し、その結果他人より少しでも金やものを多く持った者は「**鼻高**」になっているではないか。

これが「我（＝自我）」に支配されて「体主霊従」に堕ちた臣民の価値観（＝心の状態）であって、今ではほとんど誰も疑問にさえ思わないのである。

しかも、「無自覚」である場合がほとんどだから恐ろしいのである。

神は右のような臣民に対して、「**神は生まれ赤子の心を喜ぶぞ、磨けば赤子となるのぞ**」と諭《さと》しているが、ここで言う「**生まれ赤子の心**」を単に「純粋無垢な心」とのみ捉えたのでは本質に迫ったことにはならないから注意していただきたい。

「生まれ赤子の心」とは、自らの生存を完全に親に託すこと、つまり百%親を信じて全託《ぜんたく》することなのである。

「完全他者信頼」であって、そこには一片の疑いの心もない。

何を言いたいのかというと、「生まれ赤子の心」とは大人のように「体主霊従《われよし》」ではなく、その逆、完全な「霊主体従」であるということだ。

つまり赤子は、生まれながらにして「神人（＝小さな神）」なのである。

このように理解すれば初めて「**磨けば赤子となるのぞ**」の意味も解ける。

「体主霊従」に堕ちた臣民（＝大人）であっても、磨けば（＝身魂磨き）本来の「霊主体従」になれるということである。

これが「**神は生まれ赤子の心を喜ぶぞ**」に込められた意味であり、臣民はそうならなければならないのだ。

※補足

本巻から「我《が》」に関する記述が多くなってくるが、実は「我」には「自我《じが》」と「真我《しんが》」という二つの重要な要素がある。しかし日月神示では、両者を区別せず単に「我」という一語で統一しているため、神示を読む我々がよくよく注意して読み解かなければならない。

「我」とは人間は勿論、神々をも支配する究極の「神仕組」であり、三千世界を創造した世の元の大神様の御神策《ごしんさく》によるものであって、大神様の経綸を織り成す原動力となるものである。

「我」とは日月神示においても最大のテーマの一つであるから、とても一つや二つの帖の中で語り尽くすことはできない。これについては是非、拙著『秘義編』を参照していただきたい。より深い理解が得られるはずである。

（注：「自我《じが》」と「真我《しんが》」は著者である私がつけた名称である）

順番が逆になったが、「**㋹の申すこと違ったではないかと申す臣民も今に出て来るぞ**」とは、神が「大峠が来る」とか「ミロクの世になる」と預言しておきながら、さっぱり来ないしそうならないではないかと疑ってかかる臣民が出てくるという意味であろう。

ここで言う「臣民」とは、第一義的には岡本天明と彼の同志たちを指していると考えられる。天明たちは昭和二十三年（＝子《ね》の年）頃には「富士山」が爆発し、「第三次世界大戦」が勃発（＝「大峠」が到来）すると神示を解釈し、それを本気で信じていたというが、昭和二十三年には何事も起こらなかった。

従って天明たちの予測（＝神示解釈）は外《はず》れたのであるが、人間心では「神の預言」が外れたと思っても不思議ではなく、神への疑念が湧き上がるのは避けられなかったであろう。あんなに信じていた神が嘘《うそ》をついた（＝**◉の申すこと違った**）という結果になるからである。

勿論これは天明たちだけでなく、現在の我々にも当てはまることだ。神仕組を人間の時間感覚のスパンで捉えようとしても自《おの》ずから無理が生ずる。

右に対する神の答えは、「**◉は大難を小難にまつりかえているのにわからんか、えらいむごいこと出来るのを小難にしてあることわからんか**」である。

ここに「預言」の本質を見ることができる。

預言とは微に入り細に入り百%決まった未来を示すものではなく、「神」と「人間」が織り成して成就させることが本質なのである。

目的地は変わらないが、そこに至る道筋や時間は変わって当然なのである。何故ならば、「神」にも「人間」にも「自由意志」が与えられているからである。

具体的に言えば、臣民の「身魂磨き」があまりにも遅いから「神は待てるだけ待っている」ということである。臣民の身魂磨きがほとんど進まないまま「大峠」が来たのでは、「大難」どころではなく「超大難」になってしまう。

神の「預言」が時期を特定しない（できない）理由がここにあるのだ。

何よりも神は「大難」が「小難」で済むことをお望みなのである。

ところで読者は「**㋹は大難を小難にまつりかえている**」という部分を、ほとんど何の疑問も持たずに読み飛ばしているのではないだろうか？

神は臣民のために「大難」を「小難」に変えようとしていると、単純に思われているのではないか。

だがここにはとてつもない秘密がある。

神は「**まつりかえている**」と仰《おっしゃ》っているが、これを漢字にすれば「**祀り変えている**」となるであろう。

これは「祀ることによって変える」と解釈できるが、では神は何をどのように祀っているのであろうか？　ここまで踏み込まなければ、神意に迫ることはできない。

神示には「**㋹は大難を小難にまつりかえている**」とあるが、よく考えればわかるように「大難」を「小難」に変えるとは「何か」を祀った結果として変わるのであって、「大難」そのものを祀って「小難」に変えようとしているのではない。

こんなことは当たり前のことだ。

では神は何を祀って「大難」を「小難」に変えようとしているのか？

私の答えは「**神は我々臣民を祀っている**」というものである。

神が人間である臣民を祀っているのだ。そうとしか考えられない。

神が臣民を祀るなどとはあまりにも奇異に感じられるかもしれないが、実は臣民とは単なる肉体人間ではない。神でもあるのだ。

次の神示をご覧いただきたい。


地《くに》の日月の⦿とは臣民のことであるぞ、臣民と申しても今のような臣民ではないぞ、⦿人《ひと》共に弥栄の臣民のことぞ、今の臣民も掃除すれば地の日月の⦿様となるのざぞ、自分卑《いや》しめるでないぞ、皆々⦿⦿《かみがみ》様ざぞ。

（第十八巻「光の巻」第一帖）


早く⦿祀りてくれよ、神祀らねば何も出来ぬぞ。

（第一巻「上つ巻」第四帖）


右の最初の帖に、臣民の本来の姿（＝身魂を磨いた後の姿）は「**地《くに》の日月の⦿**」に他ならないと明記されている。

また二番目の帖には「神を祀らなければ何もできない」と示されている。

すると神界の神が「**地**《くに》**の日月の◉**」である臣民を祀っても何もおかしくはない。というよりはむしろ、祀らなければこの地上界では神界の神であっても何もできないということになるだろう。

では神は臣民をどのように（＝何を目的として）祀っているのだろうか？

もうおわかりだろう。**臣民の掃除（＝身魂磨き）が一刻も早く進むように、神界の神々が我々地上界の臣民（＝地の日月の◉）を祀っている**のである。

このように考えて始めて「**◉は大難を小難にまつりかえている**」ことの神意が見えてくる。

これは地上界の臣民が神界の神を祀ることの逆のパターンであるが、このような天と地の「祀り合い、拝み合い」こそが本来の「神人一体、惟神《かんながら》の道《みち》」なのである。

ここまで理解できれば、「**臣民は◉に、悪いことは小さくしてくれと毎日お願いするのが務めぞ**」というようにも「ご利益《りやく》」的な言い回しの謎も解ける。

これは今説明したように、「大難を小難にまつりかえる」ことと同じスタンスで考えなければならない。

つまり臣民は、「神界の神の祀り」に応えて「身魂磨き」に精進し、「（身魂が磨けた分）悪いこと（＝大難）が小さく（＝小難に）なる」ようお願いするのが務めだということである。

このように解かなければ全体の意味が通らない。

最後の「**いよいよが来たぞ**」については、これだけでは「何が来た」のかよくわからない。しかし本帖の次に出てくる第二十五帖は、本帖と同じ「九月十日」に降ろされていて、しかも「大峠」がテーマとなっているから、ちょうど「いよいよが来たぞ」が「大峠」に繋がる関係性が見られる。

よって「いよいよが来たぞ」とは「大峠」が来たぞという意味に解してよいであろう。

ただ「大峠」と言ってもこれが地上界に顕現するのはまだまだ先のことなので、ここは「神界（または幽界）における大峠」がいよいよ烈しくなってきたと解するのが適切である。

## 第二十五帖（一三二）

今に臣民何も言えなくなるのざぞ、⦿は烈しくなるのざぞ、目あけてはおれんことになるのざぞ。四ツン這《ば》いになりて這いまわらなならんことになるのざぞ、ノタウチまわらなならんのざぞ、土にもぐらなならんのざぞ、水くぐらなならんのざぞ。臣民可哀そうなれど、こうせねば鍛えられんのざぞ、この世始まってから二度とない苦労ざが、我慢してやり通してくれよ。

（昭和十九年九月十日、ひつ九のか三）

【解説】

前帖の最後に「**いよいよが来たぞ**」とあり、それは「神界（または幽界）における大峠」がいよいよ烈しくなってきたことであろうと解釈したが、本帖はその続きとして、まさしく「大峠」の様相を示している。

ただしこちらの「大峠」は、「**今に臣民何も言えなくなるのざぞ**」と臣民を対象にしているので、明らかに地上界の「大峠」が烈しくなってきたときの様相である。

神示の最後のほうに「**この世始まってから二度とない苦労**」とあるが、この一節が持つ重みを真剣に受け止めていただきたい。

これは要するに、人類の歴史上一度も経験したことのない空前絶後《くうぜんぜつご》、前代未聞《ぜんだいみもん》の途轍《とてつ》もないコトが起こるという意味であって、それ故に「大峠」と言うのである

それがどんなものであるかと言うと、「**目あけてはおれんことになる**」、「**四ツン這《ば》いになりて這いまわらなならんことになる**」、「**ノタウチまわらなならん**」、「**土にもぐらなならん**」、「**水くぐらなならん**」などとあるから、ある程度の想像はつくであろう。

ひと言で言えば地球規模の超大激変、メガ天変地異とでも言えようか。そんな様相になるのは間違いない。

その結果、地球上のどこにも安全地帯は存在しなくなるであろう。

この「大峠」を引き起こすのは、「**⦿は烈しくなるのざぞ**」とあるように、神力発動によるものであるが、具体的には第二十二帖で出てきた「**十柱《とはしら》の世の元からの活神様**」のはたらきによるもの

だろう。

神が「**臣民可哀そうなれど、こうせねば鍛えられんのざぞ**」と仰《おっしゃ》っているのは、「大峠」に向かう期間の苦しみが臣民を鍛えるために引き起こされるものであることを意味する。

臣民を鍛えるとは、言うまでもなく「身魂磨き」に向かわせるということであるが、「大峠」においてはこれが最終の「身魂磨き」のチャンスとなる。

「ミロクの世」とは「身魂が磨けた臣民」しか行けない理想世界であるが、神仕組の中には最後の最後、「大峠」の艱難《かんなん》の中でも「身魂磨き」のチャンスが仕組んであるということである。

しかし「大峠」の艱難はあまりにも厳しいから、神は「大難」を「小難」にまつりかえるために、待てるだけ待っているのであるし、臣民に対しては「**我慢してやり通してくれよ**」と激励しておられるのである。

### 第二十六帖（一三三）

天《あめ》の日津久《ひつく》の神と申しても一柱《ひとはしら》ではないのざぞ、臣民のお役所のようなものと心得よ、一柱でもあるのざぞ。この方はオオカムツミノ神とも顕《あらわ》れるのざぞ、時により所によりてはオオカムツミノ神として祀りてくれよ、青人草《あおひとぐさ》の苦瀬《うきせ》、治してやるぞ。天明は神示《ふで》書かす御役であるぞ。

（昭和十九年九月十一日、ひつ九⦿）

## 【解説】

本帖には「神」に関する逆説的表現が出てきている。

「**天《あめ》の日津久《ひつく》の神と申しても一柱《ひとはしら》ではないのざぞ**」と言っておきながら、その後で「**一柱でもあるのざぞ**」と述べている部分である。

更には「**臣民のお役所のようなものと心得よ**」ともある。

つまり「一人ではないが、一人でもある。また複数でもある」と言っていることと同じだが、賢明な読者にはこの意味がおわかりであろう。

そう、これは神のはたらきの本質を述べているのだ。

即ち「一神即多神即汎神（一神＝多神＝汎神）」ということである。

「神」というものを、全てを包含する「唯一絶対究極の存在」と見れば、それは「一神」であるし、大宇宙の秩序ある運行や自然の営み、或いは生き物の活動などに注目すれば、そこには「様々な神々のはたらき」が存在すると考えることができるから、今度は「多神」になる。

更にこの考えを突き詰めれば、草一本、石ころ一つ、黴菌《ばいきん》さえも神によって存在を許され生かされているという理解に至るから、結局「汎神《はんしん》」となる。

これは単に見方の違いでしかなく、本質は何も変わっていない。

極めて重要な原則である。

これに従って右に出てくる神名を整理すれば、「**天《あめ》の日津久《ひつく》の神**」＝「**お役所の窓口のような多神**」＝「**この方（＝国常立大神《くにとこたちおおかみ》）**」＝「**オオカムツミノ神**」となる。

人間の頭では、神名が異なればついつい「別の神」のように考えてしまうが、それは単に「はたらき」が異なるだけであって、人間のように個々別々の神が存在することではない。

ところで「**臣民のお役所のようなもの**」という表現は、結構意味が深い。

役所には「暮らし」、「税金」、「環境」、「健康・福祉」、「保険」、「教育・文化・スポーツ」などに関する多くの窓口があるが、神示を降ろす場合もこれと同様で、担当の神々が多数存在し、降ろす内容によって担当神が異なると見ることができるからである。

これまでに神示を降ろした御神名は「ひつくの神」、「ひつくのか三《み》」、「ひつくの十《かみ》」、「一二《ひつく》のか三」、「一二⊙」、「⊙のひつくのか三」、「⊙の一二のか三」などなど実に多岐《たき》にわたっている。表記上は微妙な違いであるが、これが「**お役所の窓口**」の違いに相当すると考えればよいだろう。

また第十三巻「雨の巻」第一帖に「**天《あめ》の日津久《ひつく》の神のお神示《ふで》であるぞ、とくにお許しもろて書きしらすぞ**」とあるが、これは神の「代理（＝名代《みょうだい》）」の立場で神示を降ろしている例である。

「**お許しもろて書きしらす**」とは、「**天《あめ》の日津久《ひつく》の大神**」の許可により、「**天《あめ》の日津久《ひつく》の神**」の神名によって神示を降ろすという意味である。

許可された神の名は記載されていないが、それが「雨の巻」であることから、「雨の神」と読み取るのが最も自然であろう。

即ちこの場合は、「雨の神」が特別に（或いは臨時に）役所の窓口の担当神に指名されたと考えることができよう。

日月神示はこのように、多数の神々が手分けして降ろしたものなのである。

ただしくどいようだが、神の場合は「担当神」＝「大神のはたらき」と取るべきであって、個々別々の独立した神々と考えないでいただきたい。

根本（＝モト）は同じなのである。


次に「**この方はオオカムツミノ神とも顕《あらわ》れるのざぞ**」とあるように、国常立大神のおはたらきは「オオカムツミノ神」としても顕れるとあるが、この神は「**青人草《あおひとぐさ》の苦瀬《うきせ》、治してやる**」神だとあるから、臣民の苦悩を解決してくれる神という意味になる。

「青人草《あおひとぐさ》」とは、古来、人民や国民を指して呼んだ言葉であり、民草《たみくさ》と同義である。

国が栄えて国民の数が増えることと、草が生い茂ることを重ねたのが由来とされる。

ただ「苦瀬《うきせ》治す」とは単に苦しみを取り除くという「ご利益《りやく》」を授けることではないので、よくよく注意していただきたい。

これは「身魂磨き」のプロセスにおいて、解決困難な問題がある場合、「オオカムツミノ神」を祀って祈願せよという意味であり、あくまで「身魂磨き」が前提にあるのだ。

なお国常立大神は「オオカムツミノ神」以外にも、「天津《あまつ》祝詞《のりと》の神」（第二巻「下つ巻」第七帖）、「三四五《みよいづ》の⦿」（第二巻「下つ巻」第九帖）、「祓戸《はらえど》の⦿」（第二巻「下つ巻」第二十七帖）、「明神《みようじん》」（第五巻「地つ巻」第二十四帖）など、実に多様な神々として顕現されていることを付記しておく。

最後の「**天明は神示《ふで》書かす御役であるぞ**」とはあまりにも当たり前すぎて、何故神がこんなわかり切ったことを降ろすのかと、読者は戸惑うかもしれない。

この理由を具体的に説明する文章は、本帖には何も書かれていないから推測するしかないが、おそらくこの頃は、岡本天明を中心とする「集団《まどい》（＝天之日津久神《あめのひつくのかみ》奉賛会）」の活動が活発になり、集団の「役員」を決めようとしたことが背景にあると思われるのだ。

人間の常識では、神示を取り次ぐ岡本天明が中心人物であるから、彼を「代表者（＝トップ）」とすることに誰も異存はないはずだが、神はそれを「**天明は神示《ふで》書かす御役であるぞ**」という神示を降ろすことによって、代表就任を禁止させたのではないかと考えられる。

天明の役割はあくまで「神示を書く（＝降ろす）」こと、即ち「預言者」としての役割であって、集団《まどい》の代表などという人間心に染まりやすいものから離れている必要があったのであろう。

組織運営であれこれ悩んでいたのでは、神示を降ろす（＝書記する）心的状態に支障が出ることは容易に想像できる。

## 第二十七帖（一三四）

石物言う時来るぞ、草物言う時来るぞ。北拝めよ、北光るぞ、北よくなるぞ、夕方よくなるぞ、暑さ寒さ、みなやわらかくなるぞ、ミロクの世となるぞ。慌てずに急いでくれよ。⦿⦿《かみがみ》様、皆の産土《うぶすな》様、総活動でござるぞ、⦿⦿様祀りてくれよ、人々様祀りてくれよ、御礼申しくれよ。

（昭和十九年九月十二日、一二か三）

**【解説】**

本帖は「大峠」の後に到来する「**ミロクの世**」について述べている。

具体的に「ミロクの世」では「**石物言う**」、「**草物言う**」、「**暑さ寒さ、みなやわらかくなる**」、「**⦿⦿《かみがみ》様、皆の産土《うぶすな》様、総活動でござる**」という状況になると書かれている。

つまり、神々、臣民、自然の全てが融合・調和した「祀り合う」理想世界になるということである。

なお「ミロクの世」については、本帖以外に第二十帖にもほぼ同様の内容が書かれているので再度確認していただきたい。

特に第二十帖の「**草木も喜ぶ政治と申してあろうがな**」の部分は、本帖の「**石物言う**」、「**草物言

**う**」と重なるが、これは要するに自然の石や草までが褒《ほ》め称《たた》えるほど、「ミロクの世のてんし様の統治」は歓喜に満ち溢れていることの例えであろう。

なお「**石物言う時来るぞ**」について一点補足しておくと、『岡本天明伝』の著者・黒川柚月氏は、「石」とは、天然記念物で岐阜県の山中から採取された「菊花石」のことでもあるとしている。

これを実見したのが岡本天明への最大の協力者であり最高のブレーンであった高田集蔵であるが、彼は中心の一点から十六方向に拡散される「菊花石」の形象《けいしょう》から「中心帰一」の思想を読み取り、日本が世界の中心国たるべきことを指摘したという。

さらに「菊」＝「聞く」に対応させ、新約聖書のルカによる福音書の一節「石が叫ぶ」を引用している。

答えて言われた、「あなたがたに言うが、もしこの人たちが黙れば、石が叫ぶであろう。
（ルカによる福音書19章40節　新共同訳聖書）

この「石が叫ぶ」とは、イエスがエルサレムの黄金の門から入場する場面のエピソードであるが、ここには非常に深い意味が隠されているという（日本弥栄の会『玉響』No２２５より）。

高田集蔵はキリスト教徒であり哲学者であって、当時の最高の知性の一人と言われている。

彼は紛れもなく岡本天明を支える「因縁の身魂」の一人であったが、その彼が日月神示に「**石物言う時来るぞ**」と降ろされる以前に、「菊花石」と「聖書」の中に同種同類のサトシを得ていたことはとても偶然とは思われない。

黒川氏の指摘は、日月神示の解釈の裾野《すその》が実に広いことを教えてくれている。

順序が前後するが、一行目の「**北拝めよ、北光るぞ、北よくなるぞ**」は、「北」がキーワードであることはわかるが、それ以外に具体的な手掛かりがないため、解釈はなかなか厄介《やっかい》である。

研究者によっても諸説あるようだが、私は本帖が「ミロクの世」について述べていることから、「北」も「ミロクの世」と関係があると考えている。

そこで、「ミロクの世」と「北」を繋ぐピースを探してみたところ、ピタリと適合するものを探し出すことができた。

「基本十二巻」からは外れるが、重要なので取り上げておこう。

**霊界人は、その向いている方向が北である。しかし、地上人の言う北ではなく、中心という意味である。中心は歓喜の中の歓喜である。**

（第十七巻「地震の巻」第六帖）

一読してわかるように、霊界においては「**北＝中心＝歓喜の中の歓喜**」と明記されている。

「霊界」がこのような状況ならば、「ミロクの世」も同様であることは疑いのないことだ。

そうすると右の「地震の巻」第六帖の記述は、本帖の「**北拝めよ、北光るぞ、北よくなるぞ**」とピタリ一致し、何の矛盾もなく符合することがわかる。

これを文字どおり地上界の「北の方向」或いは特定の「北の国、地域」と考えた場合、それらが「**光る**」、「**よくなる**」というのはあり得ない話ではないが、それを「**拝め**」となると、どう考えても不自然極まりないことになる。

もう一つ「**夕方よくなるぞ**」という不思議な一節があるが、これについては「ミロクの世」に移行するのが地上界で言う「夕方」なのか、或いは天明たちの神業に関する何らかの指示や事象のことなのか、それ以外に密意があるのかは、本帖だけでは特定できる材料がない。

ただ、第七巻「日の出の巻」第三帖に、「**日暮れ良くなるぞ、日暮れに祀りてくれよ**」というよく似た一節が登場するので、これとの関係性があるように思われる（当該帖の解説で改めて取り上げる）。

※補足

『岡本天明伝』の著者、黒川柚月氏によれば、「北よくなるぞ、夕方よくなるぞ」は「大本神諭」に由来しているという。

一般に「艮《うしとら》」は方角では「北東」を表すとされているが、大本神諭では「北」と同義とされるから、「北よくなる」とは「艮の金神（＝国常立大神）がよくなる」こと、即ち国常立大神が復活・復権されることにも通じる。

岡本天明が神命により奉仕した「榛名山神業《はるなさんしんぎょう》」は、榛名山が、富士山のほぼ真北（＝艮＝よくなる）に位置することから、天明が榛名山を選定した理由の一つとも言える。

一方、「夕方」は「黄昏《たそがれ》」のことで、人の見分けがつきにくい時分を指すが、心霊的には「昼（＝この世＝体主霊従）」から「夜（＝あの世＝霊主体従）」への移行を意味するとも解ける。

従って、「夕方よくなる」とは、「体主から霊主への転換」を示す暗示とも解くことができる。

このように、解釈は複数あるが、どの解釈も「ミロクの世」を指向いているという一点では共通していることがわかる。

## 第二十八帖（一三五）

遅し早しはあるなれど、一度申したこと必ず出て来るのざぞ。臣民は近欲で疑い深いから、何もわからんから疑う者もあるなれど、この神示一分一厘違わんのざぞ。世界ならすのざぞ、⦿の世にするのざぞ、善一筋にするのざぞ、誰《だ》れ彼《か》れの分け隔《へだ》てないのざぞ。土から草木生れるぞ、草木から動物、虫けら生れるぞ。上下《うえした》ひっくり返るのざぞ。

（昭和十九年九月の十三日、ひつ九のか三）

【解説】

冒頭の「**遅し早しはあるなれど、一度申したこと必ず出て来るのざぞ**」とあるのは、第二十四帖で、「**㋹の申すこと違ったではないかと申す臣民も今に出て来るぞ**」とあったことに対する神からの回答でもあるように思われる。

ここで神が「**遅し早しはあるなれど**」と述べているのは、神の経綸が成就する時期に多少のズレや変更があるという意味であるが、その第一の原因は「臣民の身魂磨き」が遅れに遅れているからに他ならない。

神示の随所に「**神は待てるだけ待っている**」とあるのも、このような人間側の事情を反映した結果なのである。

またこうした事情から、日月神示の「預言」には成就の時期を特定したものは一つもないということを知っておいていただきたい。

要するに真の預言とは、「神と人間の協同作業」によって織り成されるものであり、これ故に人間側の自由意志が預言成就にかなり大きな影響を与えると考えてよい。

しかし成就の時期に多少のズレや変更があったとしても、「**この神示一分一厘違わんのざぞ**」とあるとおり、神の仕組・経綸というものは寸分の狂いもなく進行していくのである。

そして**「世界ならすのざぞ、②の世にするのざぞ、善一筋にするのざぞ、誰《だ》れ彼《か》れの分け隔《へだ》てないのざぞ……上下《うえした》ひっくり返るのざぞ」**とあるのが、神が**「一分一厘違わんのざぞ」**と仰《おっしゃ》ることの中身である。

勿論これは「ミロクの世」の到来を指している。

そしてこの「預言」が外れることはあり得ない。

## 第二十九帖（一三六）

この方オオカムツミノ◉《かみ》として書き知らすぞ。病あるか無きかは手まわして見ればすぐわかるぞ、自分の身体中どこにも手届くのざぞ、手届かぬところありたら病のところすぐわかるであろうが。臣民の肉体の病ばかりでないぞ、心の病も同様ぞ、心と身体と一つであるからよく心得ておけよ、国の病も同様ぞ。

頭は届いても手届かぬと病になるのぞ、手はどこへでも届くようになりていると申してあろが、今の国々の御姿《みすがた》見よ、御手《みて》届いているまいがな、手なし足なしぞ。手は手の思うように、足は足ぞ、これでは病治らんぞ、臣民と病は、足、地についておらぬからぞ。足、地につけよ、草木はもとより、犬猫もみなお土に足つけておろうがな。

三尺上は神界ぞ、お土に足入れよ、青人草と申してあろうがな、草の心で生きねばならぬのざぞ。尻に帆かけて飛ぶようでは神の御用つとまらんぞ、お土踏まして頂けよ、足を綺麗に掃除しておけよ、足汚れていると病になるぞ、足からお土の息が入るのざぞ、臍《へそ》の緒のようなものざぞよ。

一人前になりたら臍の緒切りて、社《やしろ》に座りておりて三尺上で神に仕えてよいのざぞ、臍の緒切れぬうちは、いつもお土の上を踏まして頂けよ、それほど大切なお土の上固めているが、今にみな除きてしまうぞ、一度はいやでも応でも裸足でお土踏まなならんことになるのぞ、㋹の深い仕組ざから、有り難い仕組ざから、喜んでお土拝めよ、土にまつろえと申してあろうがな。

何事も一時に出て来るぞ、お土ほど結構なものないぞ、足の裏、殊《こと》に綺麗にせなならんぞ。㋹の申すよう素直に致されよ。この方、病治してやるぞ、この神示読めば病治るようになっているのざぞ、読んで㋹の申す通りに致して下されよ、臣民も動物も草木も、病なくなれば、世界一度に光るのぞ、岩戸開けるのぞ。戦も病の一つであるぞ、国の足の裏、掃除すれば国の病治るのぞ、国、逆立ちしてると申してあること忘れずに掃除してくれよ。

上《うえ》の守護神どの、下《しも》の守護神どの、皆の守護神どの、改心してくれよ。いよいよとなりては苦しくて間に合わんことになるから、くどう気つけておくのざぞ。病ほど苦しいものはないであろうがな、それぞれの御役忘れるでないぞ。天地《てんち》唸《うな》るぞ、でんぐり返るのざぞ、世界一度に揺するのざぞ。㋹は脅すのでないぞ、迫りておるぞ。

（昭和十九年九月十三日、一二㋹）

## 【解説】

本帖は一見すると、「オオカムツミノ⦿」の神格が顕れて「病気（治し）」について述べているように思われるが、実は極めて奥が深くかつ暗示的でもあって、解釈はそう簡単ではない。

まずキーワードを抜き出してみると、「**手、手が届く**」、「**病**」、「**足、足を地につける**」、「**お土、お土を踏む**」などが得られるが、これらには字義どおりの意味の他に当然密意があると思われる。

最初に「病」の密意を解いておこう。これが理解できれば他のキーワードの解釈も比較的容易になるはずだ。

本帖で言う「病」とは、第四段落の「**この神示読めば病治るようになっているのざぞ、読んで⦿の申す通りに致して下されよ、臣民も動物も草木も、病なくなれば、世界一度に光るのぞ、岩戸開けるのぞ**」とあることから、単に肉体の病や心の病のような、我々が言う「病気」だけでなく、広く「メグリ」のことを指していると解釈しなければならない。

何故なら「**病なくなれば……岩戸開けるのぞ**」が決め手であって、この意味は「メグリがなくなれば（＝身魂が磨ければ）岩戸が開く」と同じことだからである。

またそうでなければ、全体の意味が通じない。

つまりここには、「**病＝メグリ**」という密意が隠されている。

次に「**手、手が届く**」であるが、この謎解きのヒントは、第二段落の初めに「**手届かぬと病になるのぞ**」とあることだ。

これを単に「手を伸ばす、手で触る」などと解したのではまるで意味が通じない。物理的に手を伸ばして触れないだけで病気になる道理はないからである。

もしそうなら、自分で自分の身体の全てに触《さわ》れない「生まれ赤子」などは例外なく病気になってしまう。

では「**手届かぬと病になるのぞ**」の神意は何かということになるが、「病＝メグリ」であるから「手が届かないとメグリになるもの（＝原因）」を考えれば解ける。

即ちメグリになる（＝メグリを積む）原因とは「我れ善し、体主霊従」のことに他ならないから、「手が届かない」とは臣民が「我れ善し」に陥った状態、換言すれば「神人一体（＝惟神《かんながら》の道《みち》）」でない状態のことを指している。

つまりは、神の道から乖離《かいり》している状態が「手が届かない」という意味である。

従って、端的には「**手＝神の御手《みて》**」と理解してもよい。

神の御手から離れれば、肉体も心も国でさえも皆病気（＝メグリ積み）になってしまうのは理の当然である。

「**病**」と「**手**」をこのように解釈すれば全体の意味は通ると思うが、如何《いかが》であろうか。

次に「**足**」であるが、まず注目すべきは第二段落に「**臣民と病は、足、地についておらぬからぞ。**

**足、地につけよ**」とあることで、「足が地についておらぬ」から病になるとされていることが一つ。

もう一つは「**草木はもとより、犬猫もみなお土に足つけておろうがな**」とあって、ここで言う「足」とは、「お土」と「生き物」を結び付ける意味に使われていることである。

人間で言えば「お土」を踏むのは「足」であるから、臣民の病は自分の「足」で「お土」を踏まないからだということになる。

常識的には「そんな馬鹿な」と言いたくなるところだが、神示によればこれは真実であると考えなければならない。

それを示しているのが、第三段落の「**お土踏まして頂けよ、足を綺麗に掃除しておけよ、足汚れていると病になるぞ、足からお土の息が入るのざぞ、臍《へそ》の緒のようなものざぞよ**」とある部分だ。

ここで「**お土の息**」とあるのは「神の息、神のキ」であり、「お土」から足の裏を通して神の息（キ）が人間の身体に入るという意味になる。

読者は何故「お土」が「神の息、神のキ」なのかという疑問を持たれるかもしれないが、その答えは簡単で、「**お土とは国常立大神の肉体**」であると神示に明記されているからである（第五巻「地つ巻」第三十五帖）。

また第三巻「富士の巻」第十六帖の解説では、「お土」が草、動物、人間、神々さえも生かす最も重要な「基《もとい》」であると説明したが、本帖の「神の息（キ）」とも相通《あいつう》ずるものがある。

要は「足」で「お土」の上に立てば、国祖様の御身体《おからだ》から直接「神のキ」を頂けるということになるから、「足」は「**臍《へそ》の緒のようなものざぞよ**」と示されているのである。

またこれ故に、「**足を綺麗に掃除しておけよ、足汚れていると病になるぞ**」ともなるのだ。

足が汚れていては「神の息、神のキ」が十分に入らないから、肉体の病、心の病を招来し、結局は「メグリ」を積むことになってしまう。

このように本帖は、「お土」と「足」の重要な関係を説いているが、現代の我々はこの大事な「お土」をコンクリートやアスファルトなどで固めて、「神の息、神のキ」を塞《ふさ》いでしまっている。

本来ならこのような行為は言語道断ということになるが、これを裏づけるように神示は第四段落で、「**それほど大切なお土の上固めているが、今にみな除きてしまうぞ**」と断じている。

何故ならば「**一度はいやでも応でも裸足でお土踏まなならんことになる**」からである。

最終段階になれば、便利主義の驕《おご》りで固めた舗《ほ》装《そう》の全てを神が強制的に除いて、いやでも裸足で「お土」を踏ませるということである。

勿論これは「大峠」においてであろうと思われる。

「メグリ取り」のためには、これはラストチャンスということになるだろう。

蛇足であるが、「コンクリートやアスファルトなどの舗装を強制的に取り除く」最良の方法は「**地震**」であるから、「大峠」では必ずや巨大地震が起こることになるだろう。

その「大峠」の様相を表しているのが、最後の段落にある「**天《てん》地《ち》唸《うな》るぞ、でんぐり返るのざぞ、**

**世界一度に揺するのざぞ**」という部分である。

ここに具体的な現象や事象は書かれていないが、文意からして「地球規模の超天変地異」であることは論を待たない。

何度も述べているように、私はこれが「地球のポールシフト（＝極移動）による南北逆転」であるという仮説を立てて『ときあかし版』大峠の章に詳述しているが、興味のある方はそちらを参照していただきたい。

最後に、第三段落冒頭の「**三尺上は神界ぞ**」という謎のような部分を解釈してみよう。

ここで「三尺上は神界ぞ」とあるが、まさかこの地上界で地面から三尺上がったところに「神界」があるはずがないからこれには明らかに密意がある（長さの単位としての一尺は三十・三センチメートルであるから、三尺は九十・九センチメートルということになる）。

謎解きのヒントは第四段落で「**一人前になりたら臍の緒切りて、社《やしろ》に座りておりて三尺上で神に仕えてよいのざぞ**」にある。

まずここで「**社《やしろ》に座りて**」とあるが、この行為は「神に仕える」ためであるから、「三尺」とは神が祀られている「社（の床）」の高さであると常識的には解されよう。

しかし「神に仕える」場合は、「**一人前になりたら臍の緒切りて**」という条件がついており、更に「**臍の緒切れぬうちは、いつもお土の上を踏まして頂けよ**」とも示されている。

ここからわかることは、「足でお土を踏む」→「神の息（キ）が入る」→「病が治る（＝メグリが取れる）」→「臍の緒を切る」→「お土から離れ三尺上で神に仕えてよい」という流れである。

つまり「三尺上」とは、「身魂」が十分磨けて「神人一体」となり、「神の御用」の奉仕ができる状態になったことを暗示しているのである。

逆に言えば、身魂の磨けていない者がいくら「神祀り」の真似事《まねごと》をしても何にもならないということでもある。

## 第三十帖（一三七）

富士とは火の仕組ぞ、◎海《うづうみ》とは水の仕組ぞ、今にわかりて来るのざぞ。⦿の国には政治も経済も軍事もないのざぞ、まつりがあるだけぞ。まつろうことによって何もかも嬉し嬉しになるのざぞ。これは政治ぞ、これは経済ぞと申しているから鰻つかみになるのぞ、分ければ分けるほどわからなくなって、手に負えぬことになるぞ。

手足は沢山は要らぬのざぞ。左の臣《おみ》と右《みぎり》の臣とあればよいのざぞ。ヤとワと申してあろうがな、その下に七七ゝゝゝと申してあろうがな。今の臣民、自分で自分の首くるようにしているのぞ、手は頭の一部ぞ、手の頭ぞ。頭、手の一部でないぞ、この道理よく心得ておけよ。

神示は印刷することならんぞ、この神示解いて、臣民の文字で臣民に読めるようにしたものは一二三《ひふみ》と申せよ。一二三は印刷してよいのざぞ。印刷結構ぞ。この神示のまま臣民に見せてはならんぞ、役員よくこの神示見て、その時により、その国によりて、それぞれに説いて聞かせよ。日本ばかりでないぞ、国々ところどころに仕組して神柱《かみばしら》つくりてあるから、今にビックリすること出来るのざぞ、世界の臣民にみな喜ばれる時来るのざぞ。

ミロクの世近づいて来たぞ。富士は晴れたり日本晴れ、富士は晴れたり日本晴れ。善一筋とは⦿一筋のことぞ。この巻を「天つ巻」と申す。すっかり写してくれよ、すっかり伝えてくれ。

（昭和十九年九月十四日、ひつ九のか三）

**【解説】**

冒頭の「**富士とは火の仕組ぞ、◎海《うづうみ》とは水の仕組ぞ**」とは、本巻第四帖で「**火と水で岩戸開くぞ**」と同じこと（＝仕組）を述べていると考えてよい。

第四帖の「火と水の仕組」については、「物理的な火と水」は「破壊（＝立替え）」を、また「霊的な火と水」は「創造（＝立て直し）」を意味すると解説したが、これは本帖でも全く変わらない（第四帖解説を参照されたい）。

ここで「富士とは火の仕組ぞ」とあるから、「富士の仕組＝火の仕組」であり、同様に、「◎海《うづうみ》とは水の仕組」とあるから、「◎海＝鳴門の仕組＝水の仕組」という図式になる。

これをまとめると、「**富士と鳴門の仕組**」＝「**火と水の仕組**」＝「**岩戸開き**」＝「**物理的な破壊**

**と霊的な創造**」＝「**立替えと立て直し**」＝「**ミロクの世到来**」となる。

いろいろな名称がどんどん登場するので、ついつい発散思考になりがちだが、実際にはこのように収束することがおわかりいただけたであろう。

全ての仕組は「岩戸」を開き、「ミロクの世」を招来するためにこそ存在するのであるから、必ずそこに収束・収斂《しゅうれん》する仕組なのである。

神示には様々な「仕組」や「神業」或いは「御用」などが、いろいろな名称と共に登場するが、大枠で右のように捉えておけば、発散思考に陥ることはなくなるはずである。

「**今にわかりて来るのざぞ**」とは、「富士と鳴門の仕組（＝火と水の仕組）」が地上界に現象化するのはまだ先のことだという意味であろう。

本帖は昭和十九年九月の降下であるから、それから約七十年も経過した現在は、「火と水による物理的破壊現象」が地球上のあちこちで生起しているのは、誰の目にも明らかになってきているところである。

日本に起こった「3・11東日本大震災」とこれによる「最悪の原発事故」は、まさにその典型である。

次に「**⦿の国には政治も経済も軍事もないのざぞ、まつりがあるだけぞ**」とは、「ミロクの世」の統治原理を示している。

「ミロクの世」は「**まつり**」が全てであり、「**まつろうことによって何もかも嬉し嬉しになるのざぞ**」とあるとおり、これは政治、これは経済、これは軍事などという面倒な仕分けも区分も何もない。

ここで「**まつり、まつろう**」とあるから、祀る対象、まつろう対象が存在しなければならないが、それが「**てんし様（＝スメラミコト）**」であることは論を待たない。

「てんし様」は常に「中心」に存在し、稜威《みいづ》を臣民に注がれる御方であるから、臣民はただ「てんし様」の大御心《おおみこころ》を体《たい》し、それに沿うように生きれば「**何もかも嬉し嬉しになる**」のである。

「てんし様」による統治を具体化したものが、第二段落の「**手足は沢山は要らぬのざぞ。左の臣《おみ》と右《みぎり》の臣とあればよいのざぞ。ヤとワと申してあろうがな、その下に七七ゝゝゝゝと申してあろうがな**」という部分である。

「まつり」が全てと言っても、全く何の統治組織も機構も不要ということではなく、「てんし様」の「**手足**」となって働く神意に適《かな》った組織はやはり必要である。

それが「**左の臣《おみ》（＝ヤ）**」と「**右《みぎり》の臣（＝ワ）**」であり、イメージとしては天皇（＝スメラミコト）を補佐する「左大臣」、「右大臣」という捉え方でよいであろう。

「大臣」と言えば、人間界なら間違いなく「権力欲」と「物欲」の虜《とりこ》となって腐敗・堕落するのが常だが、「ミロクの世」ではひたすら「てんし様」の大御心の実現に心魂《しんこん》を砕く、文字どおりの「理想の政治・経済」が現実の姿になるのである。

何故なら、「ミロクの世」とは「身魂の磨けた臣民」のみに開かれる世界であり、「権力欲」や「物欲」とは完全に無縁になるからであり、更に「左の臣（＝ヤ）」と「右の臣（＝ワ）」に就任する身魂は、臣民の中でも最も霊格が高い存在でなければならないからだ。

「**その下に七七ゝゝゝ……**」とあるのは、「左の臣、右の臣」の下に「七人」を単位とする補佐（または実行）機関が複数あるということで、これらが「てんし様」の大御心を「ミロクの世」全体に行き渡《わた》らせるお役を担うと考えればよいだろう。

なお「ヤ」、「ワ」、「七七ゝゝゝ」については、第一巻「上つ巻」第二十四帖及び二十六帖、第二巻「下つ巻」第二十七帖にも書かれているので、その帖の解説を併《あわ》せ参照していただきたい。

ここが理解できれば、「**手は頭の一部ぞ、手の頭ぞ。頭、手の一部でないぞ**」もすんなり受容されるはずだ。

要するに「**頭**」とは「てんし様」のことであり、「**手**」とは臣民、つまり「ヤ」であり「ワ」でありその下の「七七ゝゝゝ」なのである。

第三段落は「神示」の取り扱い方を指示している。

「**神示は印刷することならんぞ**」とあるが、ここで言う「神示」とは岡本天明が直受《じきじゅ》した「神示原文」のことで、要するに「多くの漢数字や若干のひら仮名、記号」などを使って降ろされた「翻訳されていない神示原文」を言う。

神は「神示原文」の印刷を厳しく禁止していることになる。

なお同様のことが、第二巻「下つ巻」第五帖にも示されているが、このように神が繰り返し禁止しているのは、神示自体の神威《しんい》を保つためでもあるだろうが、もしかすると役員の中に「神示原文を印刷して配布しよう」という動きがあったのかもしれず、これを禁止したのだとも考えられる。

というのも、熱心な役員や信奉者ほど「尊いもの」を欲しがるからである。

**「この神示のまま臣民に見せてはならんぞ」**とあるのも同じ理由からで、臣民にむやみに「原文」を見せることは、「欲しい、手に入れたい」という欲求を刺激することになる。

身魂磨きが十分でない臣民の中には、神示の原文なら翻訳したものよりも遥《はる》かに大きな「ご利《り》益《やく》」や「御守護」があるはずだと思う者が必ず出てくる。それこそ「取り違い」の最《さい》たるものだ。

神示は「理解」し「実践」することが肝要なのであって、単に「保持」しておけばよいというものではない。

その一方で神は、**「この神示解いて、臣民の文字で臣民に読めるようにしたものは一二三《ひふみ》と申せよ。一二三は印刷してよいのざぞ。印刷結構ぞ」**と示し、「原文」の印刷は禁止しているが「翻訳文」の印刷には許可を与えている。

ここには「神示原文」を「解読（翻訳）」し、「印刷」して「配布」し、よく「読んで理解」し、「実践」せよという神意が根底にある。

最終的に「実践」に結ばれるためには、原文ではわけがわからないからどうしても「翻訳」したものが必要なのである。

また「解読したもの」は「**一二三《ひふみ》と申せよ**」とあるから、厳密には「日月神示」と「一二三神示」は言葉の使い分けが必要であろう。

神示全訳本は、本来は「一二三《ひふみ》神示」と呼んだほうが適切である。

かく言う私自身のことを言えば、私が最初に神示を知った書籍のタイトルが「日月神示」の名称であったため、それ以来習慣的に「日月《ひつき》神示」と呼んでいることをお断りしておきたい。

次に「**役員よくこの神示見て、その時により、その国によりて、それぞれに説いて聞かせよ。日本ばかりでないぞ、国々ところどころに仕組して神柱《かみばしら》つくりてある**」とあるのは、日月神示がいずれ「世界」に広まることを「預言」したものと言えよう。

第一巻「上つ巻」第二帖に「**⦿の国にも外国の臣《しん》がおり、外国にも⦿の子がいる**」とあったように、外国にも神の子（＝**神柱《かみばしら》**）がいるのであり、彼らによって外国の神の子たちに神示が伝えられていくのだと思われる。

その大きな動きはまだ見えないが、世界が激動している今、近い将来必ず実現するであろう。

ただし、日月神示そのものが世界に広まっていくと考えるよりも、外国にいる「神柱」がその外国に適合するやり方で、神理を広めると解釈したほうが現実的であろう。

私はときどき思うのだが、仮に日月神示そのものを外国に伝えようとする場合、必ず外国語に翻訳しなければならないが、果たして翻訳した文章を読んだ外国人がちゃんと理解できるだろうかと心配になる。

いやそれよりも、この難解な神示の文章を正確に外国語に翻訳できるとも思えないのだ。

やはり外国のことは、外国にいる神柱が主役になって然《しか》るべきである。

最後の段落で、冒頭に「**ミロクの世近づいて来たぞ**」とあるが、これを地上界のことと見るのは時期尚早であって、神界（または幽界）の出来事と考えたほうが無理がない。

何故ならこの神示が降ろされたのは昭和十九年九月で、まだ大東亜戦争の真っ最中であり、日本の「岩戸開き」さえも成就していないからである（最初の岩戸開きは、昭和二十年八月の原爆投下と敗戦によって成就している）。

「**ミロクの世近づいて来たぞ。富士は晴れたり日本晴れ、富士は晴れたり日本晴れ**」と神示が同じことを二度繰り返すのは、それが極めて重要なことであって、臣民に強く印象づけるためであると考えればよいであろう。

人間でも例えば子供に何か大事なことを教えるときは、親が同じことを何度も念押しするが、これと同じで、神から見れば地上界の人間はまだまだ子供に過ぎない。

「ミロクの世」が来ることと、「富士は晴れたり日本晴れ」は同じことを述べているのである。

本巻の最後に、唐突だが読者に質問させていただきたい。

今述べたように、神は重要なことは何回も繰り返して神示に降ろしているが、では神が最も頻繁に、繰り返し繰り返し述べていることは何だと思われるだろうか？

これはすぐにおわかりであろう。

そう、「**身魂磨き**（＝メグリ取り、掃除、洗濯、借銭済ましなども同じ）」である。

神示を読むと、うんざりするほど次から次に出てくるのが「身魂磨き」である。

臣民にとって「身魂磨き」とはこれほどまでに重要なのであるが、これをどのように受け止めるか、それは読者一人一人の「あなた」の心に委ねられていることを忘れないでいただきたい。

《第四巻「天つ巻」了》

## 続巻　謎解き版［完訳］⦿日月神示
## 「基本十二巻」全解説［その二］　内容予告

**【収録されている巻】**

『［完訳］⦿日月神示』中、次の四つの巻の解説を二冊に収録

○　第五巻「地《くに》つ巻」　第六巻「日月《ひつく》の巻」

○　第七巻「日の出の巻」　第八巻「磐戸《いわと》の巻」

**【各巻の概要】**

**第五巻「地《くに》つ巻」**

第五巻「地《くに》つ巻」は、第四巻「天《あま》つ巻」と同様、神仕組に関する多種多様な内容が展開されており、いよいよ佳境に入る感があるが、その分、難易度も高くなって来る。

本巻で最も特徴的なことは、「旧九月になれば神示を降ろす神が入れ替わる」と「神の交代」が示されていることである。

第四巻までの神示は、「ひつくの神」、「⦿のひつくの神」の御神名で降ろされているが、旧九月からは「あめのひつくの大神」が神示を降ろすとある。この神は、神示を降ろす神としては最高位の神格と考えられる。

これに伴い、岡本天明自身も憑《か》かる神の神格に相応《ふさわ》しい「身魂磨き」を急《せ》かされており、その結果によって「(神示降下に)遅し早しはある」とも示されている。

また、「言霊《ことたま》」の本義が明らかにされていることも、本巻の大きな特徴の一つである。

神業《しんぎょう》面では、「奥山」に「大国主命《おおくにぬしのみこと》」を祀っているが、これは国津神の復活復権を意味し、同時に天津神（天）と国津神（地）の融合調和が暗示されている。

## 第六巻「日月《ひつく》の巻」

第六巻「日月《ひつく》の巻」は「巻の構成」そのものに壮大な仕掛けが施されており、別々の巻として降ろされた「二つの巻」を合わせて「一つの巻」にしているが、こんな特異な巻は他にはない。

「二つの巻」とは、「日の巻」と「月の巻」のことであり、両方合わせて「日月《ひつく》の巻」と呼ばれているが、一般的に、「日」は「火、陽、男性原理」であり、「月」は「水、陰、女性原理」を表わすから、この二つが合体することにより、「岩戸」が開き「ミロクの世」に至ると考えて来た。

実は、これに加えてもう一つ極めて重要な密意が明らかになっている。

それは、「日の巻」が霊的な「伊勢」の働きを示し、一方の「月の巻」が霊的な「出雲」の働きを示していることであり、両者が合体（融合）することによって、神国日本が復活する暗示が秘められていたのである。

現実の動きとしても、皇族「高円宮家《たかまどのみやけ》」次女「典子《のりこ》」女王殿下と、「出雲大社」の神職者で現宮司の御子息千家国麿《せんげくにまろ》氏との御婚約が内定（本書執筆時点）し、ここに「伊勢と出雲の融合」が現実のものとなったのは驚くべき符号である。

本巻の内容で最も特徴的なものは、「日の巻」、「月の巻」とも日本神話が登場していることであるが、ここには日月神示と古事記神話を比較することによって、神話に隠された神々と、神国日本の秘密を解く重大な鍵が秘められている。

そして、本巻最後の第四十帖に至って、日月神示最大のテーマである「岩戸閉め」と「岩戸開き」の秘密が遂に明かされている。

総じて第六巻は、「謎解き」という観点から最も興味深い巻と言える。

## 第七巻「日の出の巻」

第七巻「日の出の巻」は、第六巻「日月の巻」の「伊勢」と「出雲」の融合を受け、その名のとおり、これまでの日本の闇夜が明け初《そ》めて「日の出」が到来することを暗示したものである。

奥山には、「アマテラス、ツキヨミ、スサナル」の三神が祀られ、日本がアマテラスの統治から本来のスサナルの統治に元返りする型が出されているし、また国常立大神と共に「岩戸開き」の任に当たる「十柱《とはしら》の神々」が祀られ、岩戸開き実行部隊の主要な神々が揃い踏みする。

一方、本巻降下の時期（昭和十九年十二月）は大東亜戦争も末期であり、米軍機の「本土大空襲」が激烈化して来たため、岡本天明たちの活動拠点である「奥山」の遷宮が、神示によって指示されているのは大きな特徴である。

神の経綸は、大東亜戦争の戦況推移と吻合《ふんごう》させなければならなかったが、その大きな節目《ふしめ》は「(昭和二十年の)節分」であり、節分から容赦なく神の規則通りになるとの強い宣言がなされている。

これは大東亜戦争と神経綸の密接不可分性を示すものであり、この後日本は坂道を転がるように、一直線に敗戦に向かって突き進むことになる。

その一方、「因縁の身魂」たる天明たちの「身魂磨き」は、神が期待するほど順調には進展しなかったようであり、このため「神急《せ》けるぞ」と何度も諭《さと》されているだけでなく、身魂磨きを促進するため「江戸に道場を作れ」との強い指示まで出されている。

「神業」面では、これまで未着手だった「鳴門の仕組」がやっと端緒《たんちょ》についている。

本巻は総じて、神経綸が新しい段階に入ったことを感じさせるが、反面、神の仕組・経綸はこれまで以上に厳しくなり、かつ急がれていることが窺《うかが》われる。

## 第八巻「磐戸《いわと》の巻」

第八巻は、「磐戸《いわと》の巻」と名付けられているように、明らかに「岩戸開き」が主題となっているが、本巻の記述は、「岩戸開き」に関する大方《おおかた》のイメージを根底から覆《くつがえ》す内容を含んでいる。

これに関連して最も驚くのは、国常立大神《くにとこたちおおかみ》が自らを、「この方、この世の悪神とも閻魔《えんま》とも現われるぞ」と明言されていることで、臣民の「身魂」を磨き「岩戸」を開くには、正神が「悪役」を演ずることすらもあることが初めて明かされている。

真《まこと》の日本人（スメラの民）は、現象的には厳しい「自己犠牲」を求められが、本巻では神が「可哀そうなれど⦿の臣民殿、堪《こら》え堪えてマコトどこまでも貫きてくれよ……重ねて⦿が臣民殿に頼むぞよ」と、神の真情が吐露《とろ》され臣民に切望されているのは、驚きであると同時に感動的ですらある。

なお、「大峠」を「ハルマゲドン」という言葉で表現しているのも本巻が最初である。

内記正時　ないき まさとき

昭和二十五年生、岩手県出身。祖父、父とも神職の家系にて幼少期を過ごす。昭和四十年、陸上自衛隊に入隊。以来40年間、パイロット等として防人の任にあたる傍ら、50回以上の災害派遣任務を完遂。平成十七年、２等陸佐にて定年退官。

平成三年、日月神示と出合い衝撃を受けるとともに、日本と日本人の使命を直感、妻と共に二人三脚の求道、修道に入る。導かれるままに、百を超える全国の神社・聖地等を巡り、神業に奉仕する。現在は、神職、古神道研究家として、日月神示の研究・研鑽にあたる。

主な著書に『ときあかし版［完訳］日月神示』『奥義編［日月神示］神一厘のすべて』『秘義編［日月神示］神仕組のすべて』（いずれもヒカルランド）などがある。

岡本天明　おかもと てんめい

明治三十年（一八九七）十二月四日、岡山県倉敷市玉島に生まれる。

青年時代は、名古屋新聞、大正日々新聞、東京毎夕新聞などで新聞記者生活を送る。また太平洋画会に学び、昭和十六年（一九四一）、日本俳画院の創設に参加。

米国、南米、イスラエル、東京、大阪、名古屋などで個展を開催。

『俳画講義録』その他の著書があり、昭和二十年（一九四五）頃から日本古神道の研究を始め、『古事記数霊解』及び『霊現交流とサニワ秘伝』などの著書がある。

晩年は三重県菰野《こもの》町鈴鹿山中に居を移し、画家として生活していた。

昭和三十八年（一九六三）四月七日没す。満六十五歳。

中矢伸一　なかや しんいち

東京生まれ。米国ワシントン州立コロンビア・ベースン・カレッジ卒。「日本弥栄の会」代表。三年に及ぶ米国留学生活を通じ、日本と日本民族の特異性を自覚。帰国後、英会話講師・翻訳・通訳業に携わる一方、神道系の歴史、宗教、思想などについて独自に研究を進める。一九九一年、それまでの研究をまとめた『日月神示』（徳間書店）を刊行。以後、関連した書籍を相次いで世に送り出す。これまでに刊行した著作は40冊以上、累計部数は推計100万部。

現在、著書執筆のかたわら月刊機関誌『たまゆらPREMIUM』を発行、日本全国に共感の輪を広げている。

大峠と大洗濯　ときあかし②

日月神示【基本十二巻】第三巻　第四巻

第一刷　2023年4月30日

解説　内記正時

原著　岡本天明

校訂・推薦　中矢伸一

編集協力　㈲東光社

発行人　石井健資

発行所　株式会社ヒカルランド

〒162-0821　東京都新宿区津久戸町3-11　TH1ビル6F

電話　03-6265-0852　ファックス　03-6265-0853

http://www.hikaruland.co.jp　info@hikaruland.co.jp

振替　00180-8-496587

本文・カバー・製本　中央精版印刷株式会社

DTP　株式会社キャップス



ISBN978-4-86742-232-8